GERMAN STORIES FOR BEGINNERS

8 UNCONVENTIONAL SHORT STORIES TO GROW YOUR VOCABULARY AND LEARN GERMAN THE FUN WAY!

OLLY RICHARDS
& ALEX RAWLINGS

German Short Stories for Beginners: *8 Unconventional Short Stories to Grow Your Vocabulary and Learn German the Fun Way!*

ISBN- 978-1522741046

ISBN- 1522741046

Free Masterclass:
How To Read Effectively In A
Foreign Language

As a special thank you for investing in this book, I invite you to attend a FREE online workshop. You'll learn my advanced techniques for effective reading, so you can make the most of these stories.

To register for the workshop, simply visit:

http://iwillteachyoualanguage.com/readingmasterclass

German translation by

Jörg Malonnek and Maria Weidner

Books in this Series

Spanish Short Stories for Beginners

Spanish Short Stories for Beginners Volume 2

German Short Stories for Beginners

Italian Short Stories for Beginners

Italian Short Stories for Beginners Volume 2

Russian Short Stories for Beginners

French Short Stories for Beginners

English Short Stories for Intermediate Learners

Spanish Short Stories for Intermediate Learners

Italian Short Stories for Intermediate Learners

This title is also available as an audiobook

For more information, visit:

http://iwillteachyoualanguage.com/amazon

Introduction

This book is a collection of eight unconventional and entertaining short stories in German. Written especially for beginners and low-intermediate learners, equivalent to A2-B1 on the Common European Framework of Reference (CEFR), they offer a rich and enjoyable way of improving your German and growing your vocabulary.

Reading is one of the most effective ways to improve your German, but it can be difficult to find suitable reading material. When you are just starting out, most books are too difficult to understand, contain vocabulary far above your level, and are so lengthy that you can soon find yourself getting overwhelmed and giving up.

If you recognise these problems then this book is for you. From science fiction and fantasy to crime and thrillers, there is something for everyone. As you dive into these eight unique and well-crafted tales, you will quickly forget that you are reading in a foreign language and find yourself engrossed in a captivating world of German.

The learning support features in the stories give you access to help when you need it. With English definitions of difficult words, regular recaps of the plot to help you follow along, and multiple-choice questions for you to check important details of the story, you will quickly absorb large amounts of natural German and find yourself improving at a fast pace.

Perhaps you are new to German and looking for an entertaining challenge. Or maybe you have been learning for a while and simply want to enjoy reading whilst growing your vocabulary. Either way, this book is the biggest step forward you will take in your German this year.

So sit back and relax. It's time to let your imagination run wild and be transported into a magical German world of fun, mystery, and intrigue!

Table of Contents

About the Stories

A sense of achievement and a feeling of progress are essential when reading in a foreign language. Without these, there is little motivation to keep reading. The stories in this book have been designed with this firmly in mind.

First and foremost, each story has been kept to a manageable length and broken down into short chapters. This gives you the satisfaction of being able to finish reading what you have begun, and come back the next day wanting more! It also reduces the extent to which you feel overwhelmed by how much you have left to learn when starting to learn German.

The linguistic content of the stories is as rich and as varied as possible, whilst remaining accessible for lower-level learners. Each story belongs to a different genre in order to keep you entertained, and there are plenty of dialogues throughout, giving you lots of useful spoken German words and phrases to learn. There is even a deliberate mix of tenses from one story to the next, so that you get exposure to common verbs in a mixture of past, present and future verb forms. This makes you a more versatile and confident user of German, able to understand a variety of situations without getting lost.

Many books for language learners include English translations for the entire story, known as parallel texts. Although these can be popular, parallel texts have the major disadvantage of providing an "easy option". Learners inevitably find themselves relying on the English translation and avoiding the "struggle" with the original German text that is necessary in order to improve. Consequently, instead of including a parallel text, *German Short Stories for Beginners* supports the reader with a number of learning aids that have been built directly into the stories.

Firstly, difficult words have been bolded and their definitions given in English at the end of each chapter. This avoids the need to consult a dictionary in the middle of the story, which is cumbersome and interrupts your reading. Secondly, there are regular summaries of the plot to help you follow the story and make sure you haven't missed anything important. Lastly, each chapter comes with its own set of comprehension questions to test your understanding of key events and encourage you to read in more detail.

German Short Stories for Beginners has been written to give you all the support you need, so that you can focus on the all-important tasks of reading, learning and having fun!

How to Read Effectively

Reading is a complex skill, and in our mother tongue we employ a variety of micro-skills to help us read. For example, we might *skim* a particular passage in order to understand the gist. Or we might *scan* through multiple pages of a train timetable looking for a particular time or place. If I lent you an Agatha Christie novel, you would breeze through the pages fairly quickly. On the other hand, if I gave you a contract to sign, you would likely read every word in great detail.

However, when it comes to reading in a foreign language, research suggests that we abandon most of these reading skills. Instead of using a mixture of micro-skils to help us understand a difficult text, we simply start at the beginning and try to understand every single word. Inevitably, we come across unknown or difficult words and quickly get frustrated with our lack of understanding.

Providing that you recognise this, however, you can adopt a few simple strategies that will help you turn frustration into opportunity and make the most of your reading experience!

* * *

You've picked up this book because you like the idea of learning German with short stories. But why? What are the benefits of learning German with stories, as opposed to with a textbook? Understanding this will help you determine your approach to reading.

One of the main benefits of reading stories is that you gain exposure to large amounts of natural German. This kind of reading for pleasure is commonly known as *extensive reading*. This is very different from how you might read German in a textbook. Your textbook contains short dialogues, which you read in detail with the aim of understanding every word. This is known as *intensive reading*.

To put it another way, while textbooks provide grammar rules and lists of vocabulary for you to learn, stories show you natural language *in use*. Both approaches have value and are an important part of a balanced approach to language learning. This book, however, provides opportunities for extensive reading. Read enough, and you'll quickly build up an innate understanding of how German works - very different from a theoretical understanding pieced together from rules and abstract examples (which is what you often get from textbooks).

Now, in order to take full advantage of the benefits of extensive reading, you have to actually read a large enough volume in the first place! Reading a couple of pages here and there may teach you a few new words, but won't be enough to make a real impact on the overall level of your German. With this in mind, here is the thought process that I recommend you have when approaching reading the short stories in this book, in order to learn the most from them:

1. Enjoyment and a sense of achievement when reading is vitally important because it keeps you coming back for more

2. The more you read, the more you learn

3.   The best way to enjoy reading stories, and to feel that sense of achievement, is by reading the story from beginning to end

4.   Consequently, reaching the end of a story is the most important thing... more important than understanding every word in it!

This brings us to the single most important point of this section: **You must accept that you won't understand everything you read in a story.**

This is completely normal and to be expected. The fact that you don't know a word or understand a sentence doesn't mean that you're "stupid" or "not good enough". It means you're engaged in the process of learning German, just like everybody else.

So what should you do when you don't understand a word? Here are a few ideas:

1.   Look at the word and see if it is familiar in any way. If English is your mother tongue, there are often elements of German vocabulary that will be familiar to you. Take a guess - you might surprise yourself!

2.   Re-read the sentence that contains the unknown word a number of times over. Using the context of that sentence, and the rest of the story, try to guess what the unknown word might mean. This takes practice, but is often easier than you think!

3.   Make a note of the word in a notebook, and check the meaning later

4.   Sometimes, you might find a verb that you know, conjugated in an unfamiliar way. For example:

> **sprechen** - to speak

> **er hat gesprochen** – he has spoken

> **er sprach** – he spoke

You may not be familiar with this particular verb form, or not understand why it is being used in this case, and that may frustrate you. But is it absolutely necessary for you to know this right now? Can you still understand the gist of what's going on? Usually, if you have managed to recognise the main verb, that is enough. Instead of getting frustrated, simply notice how the verb is being used, and then carry on reading!

5.   If all the other steps fail, or you simply "have to know" the meaning of a particular word, you can simply turn to the end of the chapter and look it up in the vocabulary list. However, this should be your last resort.

The previous four steps in this list are designed to do something very important: to train you to handle reading independently and without help. The more you can develop this skill, the better able you'll be to read. And, of course, the more you can read, the more you'll learn.

Remember that the purpose of reading is not to understand every word in the story, as you might be expected to in a textbook. The purpose of reading is to enjoy the story for what it is. Therefore, if you don't understand a word, and you can't guess what the word means from the context, simply try to keep reading. Learning to be content with a certain amount of ambiguity whilst reading a foreign language is a powerful skill to have, because you become an independent and resilient learner.

The Six-Step Reading Process

1. Read the first chapter of the story all the way through. Your aim is simply to reach the end of the chapter. Therefore, do not stop to look up words and do not worry if there are things you do not understand. Simply try to follow the plot.

2. When you reach the end of the chapter, read the short summary of the plot to see if you have understood what has happened. If you find this too difficult, do not worry.

3. Go back and read the same chapter again. If you like, you can read in more detail than before, but otherwise simply read it through one more time.

4. At the end of the chapter, read the summary again, and then try to answer the comprehension questions to check your understanding of key events. If you do not get them all correct, do not worry.

5. By this point, you should start to have some understanding of the main events of the chapter. If you wish, continue to re-read the chapter, using the vocabulary list to check unknown words and phrases. You may need to do this a few times until you feel confident. This is normal, and with each reading you will gradually build your understanding.

6. Otherwise, you should feel free to move on to the next chapter and enjoy the rest of the story at your own pace, just as you would any other book.

At every stage of the process, there will inevitably be words and phrases you do not understand or cannot remember. Instead of worrying, try to focus instead on everything that you *have* understood, and congratulate yourself for everything you have done so far.

Most of the benefit you derive from this book will come from reading each story through from beginning to end. Only once you have completed a story in its entirety should you go back and begin the process of studying the language from the story in more depth.

Anhang zu Kapiteln

- Zusammenfassung
- Vokabeln
- Fragen im Auswahlverfahren
- Lösungen

Appendices to each chapter

- Summary
- Vocabulary
- Multiple-choice questions
- Answers

ERZÄHLUNGEN

1. Die Verrückte Currywurst

Kapitel 1 – Das Flugzeug

„Daniel, komm her!" ruft mir Julia von der Haustür zu.

„Was möchtest du, Julia?", antworte ich.

„Heute reisen wir nach Deutschland. Das weißt du, nicht wahr?"

„Klar weiß ich das. Ich packe meinen Rucksack."

Mein Name ist Daniel. Ich bin 24 Jahre alt. Julia ist meine Schwester und wir leben im **selben** Haus in London. Sie ist 23 Jahre alt. Unsere Eltern heißen Arthur und Clara. Wir **bereiten** eine Reise nach Deutschland **vor**. Wir sind **Austausch-Studenten,** die die deutsche Sprache lernen und jetzt schon viel wissen.

Ich bin groß, 1,87 m und habe braunes, etwas **längeres** Haar. Ich habe grüne Augen und einen **breiten** Mund. Mein Körper ist **ziemlich muskulös**, da ich viel Sport treibe. Meine Beine sind lang und stark, weil ich jeden Morgen laufen gehe.

Meine Schwester Julia hat auch braunes Haar, aber es ist länger als meines. Sie hat keine grünen Augen, sie hat braune, genau wie mein Vater. Ich habe die gleiche Augenfarbe wie meine Mutter.

Meine Eltern arbeiten. Mein Vater Arthur ist **Elektriker** und arbeitet in einer großen **Firma**. Meine Mutter ist

Geschäftsfrau und hat eine Firma, die Fantasie- und Science Fiction Bücher verkauft. Sie können Deutsch. Um zu **üben,** sprechen sie Deutsch mit uns.

Mein Vater sieht, dass ich **noch nicht angezogen** bin.

„Daniel! Warum ziehst du dich nicht an?"

„Ich bin gerade aufgestanden. Ich habe vor 5 Minuten geduscht und bin noch nicht trocken."

„**Beeile dich**. Ich muss arbeiten gehen und habe wenig Zeit."

„**Keine Sorge**, Papa. Ich ziehe mich jetzt an."

„Wo ist deine Schwester?"

„In ihrem Zimmer."

Mein Vater geht in das Zimmer meiner Schwester und redet mit ihr. Julia schaut ihn an.

„Hallo Papa. Möchtest du etwas?"

„Ja, Julia. Dein Bruder zieht sich jetzt an."

„Ich möchte, dass ihr das nehmt."

Mein Vater zeigt ihr ein **Bündel Geldscheine**. Julia ist sehr **überrascht**.

„Das ist viel Geld!", sagt sie.

„Deine Mutter und ich **haben viel Geld gespart**. Wir möchten euch einen kleinen Teil für die Reise nach Deutschland geben."

„Danke, Papa. Ich werde es meinem Bruder Daniel sagen."

Sie wissen nicht, dass ich hinter der Tür alles höre. Mein Vater **schaut** mich **an**.

„Oh, Daniel! Du bist hier! Und du hast dich angezogen! Das Geld ist für euch beide."

„Danke, Papa. Es ist sehr nützlich."

„Eure Mutter und ich werden euch jetzt mit dem Auto zum Flughafen bringen. Kommt!"

Wenige Minuten nach dem Frühstück gehen wir aus dem Haus und fahren mit dem Auto meiner Mutter zum Flughafen. Julia ist sehr nervös.

„Julia, **Schatz**", sagt ihr meine Mutter. „Geht es dir gut?"

„Ich bin sehr nervös", antwortet sie.

„Warum?"

„Ich kenne niemanden in Deutschland. Ich kenne nur Daniel."

„Keine Sorge. Es gibt sicher nette und sympathische Leute in Köln."

„Ja Mama, da bin ich sicher. Aber ich bin sehr **aufgeregt**."

Im Flughafen ist eine lange **Schlange**. Es gibt viele Menschen aus verschiedenen Teilen Englands, die ihre **Flugtickets** kaufen. Viele sind Arbeiter oder **Geschäftsleute**. Einige von ihnen steigen schon ins Flugzeug. Ich gehe zu Julia und sage:

„Bist du jetzt ruhiger?"

„Ja, Daniel. Im Auto wurde ich ganz nervös."

„Ja, das stimmt. Aber alles wird gut gehen. Ich habe einen netten Freund in Köln, der Austausch-Studenten wie uns hilft."

Unsere Eltern **umarmen** uns **zärtlich** und **winken** uns **zu**, **während** wir ins Flugzeug einsteigen.

„Wir lieben euch, Kinder!"

Das ist das letzte, was wir hören. Das Flugzeug hebt Richtung Köln ab.

Zusammenfassung

Daniel und Julia sind Austausch-Studenten und leben in London. Sie werden eine Reise nach Deutschland machen. Sie können Deutsch und üben mit ihren Eltern. Die Eltern bringen ihre Kinder zum Flughafen. Julia ist sehr nervös, bevor sie das Flugzeug nimmt, aber am Ende ist sie beruhigt.

Vokabeln

- **selben** = the same
- **<u>vor</u>bereiten** = to get ready for
- **Austausch-Studenten** = exchange students
- **längeres** = longer
- **breiten** = wide
- **ziemlich muskulös =** quite toned (mesomorph)
- **der Elektriker** = electrician
- **die Firma** = company
- **die Geschäftsfrau** = business women
- **die Bücher** = books
- **üben** = practise
- **noch nicht angezogen** = not yet dressed
- **sich beeilen** = to hurry up
- **keine Sorge** = no worry
- **das Bündel Geldscheine** = a wad of bills
- **überrascht** = surprises
- **haben viel Geld gespart** = we've been saving alot of money
- **jemanden <u>an</u>schauen** = to look at someone

- **ist sehr nützlich** = it's very useful
- **Schatz** = darling, dear, honey, love
- **aufgeregt** = anxious
- **die Schlange** (im Flughafen) = queue
- **die Flugtickets** = flight tickets
- **Geschäftsleute** = business people
- **umarmen** = to hug
- **zärtlich** = tender, affectionate
- **jemandem <u>zu</u>winken** = to wave to someone
- **während** = while

Fragen im Auswahlverfahren
Wählen Sie nur eine Antwort je Frage aus

1. Die Geschwister Daniel und Julia wohnen:
    a. Im selben Haus in London
    b. In verschiedenen Häusern in London
    c. Im selben Haus in Köln
    d. In verschiedenen Häusern in Köln

2. Ihre Eltern:
    a. Sprechen Deutsch, aber üben nicht mit ihren Kindern
    b. Sprechen Deutsch und üben mit ihren Kindern
    c. Sprechen kein Deutsch
    d. Weiß man nicht

3. Arthur, der Vater, gibt ihnen ein Geschenk für die Reise. Was ist es?
    a. Ein Auto
    b. Ein Fantasiebuch
    c. Ein Science-Fiction-Buch
    d. Geld

4. Auf dem Weg zum Flughafen, Julia ist:
    a. Traurig
    b. Froh
    c. Nervös
    d. Erschrocken

5. In der Schlange im Flughafen:
    a. Sind viele junge Leute
    b. Sind viele Geschäftsleute
    c. Sind wenige Leute
    d. Sind viele Kinder

Lösungen Kapitel 1

1. a
2. b
3. d
4. c
5. b

Kapitel 2 – Deutschland

Das Flugzeug **landet** in Köln und mein Freund erwartet uns am **Ausgang** des Flughafens. Er gibt mir eine **kräftige Umarmung**.

„Hallo, Daniel! Wie schön, dass du hier bist!"

„Hallo, Michael! Ich freue mich, dich zu sehen!"

Mein Freund Michael guckt meine Schwester Julia **neugierig** an.

„Michael, mein Freund, **ich stelle dir** meine Schwester Julia **vor**."

Mein Freund kommt näher und begrüßt Julia.

„Hallo Julia. Ich freue mich, dich kennen zu lernen!"

„Meine Schwester ist **schüchtern**. Sie ist immer schüchtern, wenn sie neue Leute kennenlernt."

„Hallo... Michael."

„Deine Schwester ist sehr schüchtern, stimmt's?", sagt Michael **lächelnd**.

„Ja, das ist sie, aber sie ist sehr sympathisch."

Minuten später fahren wir zu unserer neuen Wohnung. Vom Flughafen bis zum Kölner Zentrum kostet das Taxi 18,50 €. Es ist **Juni** und es ist warm. Der deutsche Sommer ist **schwül**.

Zur Mittagszeit kommen wir in der Wohnung an. Michael hilft uns mit den Rucksäcken. Ich habe großen Hunger.

„Michael, wir haben großen Hunger. Wo können wir essen?"

„Es gibt zwei Restaurants **in der Nähe.**"

„Was für Essen gibt es dort?"

„In einem Restaurant gibt es leckere Currywurst und im anderen frischen Fisch."

„Julia, möchtest du Currywurst essen gehen?" frage ich meine Schwester.

„Klar, Daniel. Ich habe großen Hunger**.**"

Mein Freund Michael bleibt in der Wohnung und wir gehen **in Richtung** Currywurst-Restaurant.

„Julia, welcher Bus fährt zum Currywurst-Restaurant?"

„**Keine Ahnung.** Wir müssen jemanden fragen."

„**Guck da.** Der Herr im weißen Hemd. Wir gehen ihn fragen."

Der Herr im weißen Hemd grüßt uns.

„Hallo! Kann ich euch helfen?"

„Wie kommen wir zum Restaurant 'Die verrückte Currywurst'?"

„Das ist einfach! **Gleich hier** hält der Bus 35. Der Bus fährt direkt zur Straße, wo die Verrückte Currywurst ist. Aber es gibt ein Problem."

„Welches Problem?"

„Dieser Bus ist normalerweise sehr voll."

Julia und ich reden darüber, den Bus zum Restaurant zu nehmen. **Sie sieht besorgt aus.**

„Daniel, das Currywurst-Restaurant ist bestimmt gut, aber vielleicht können wir im Fisch-Restaurant essen."

„Ich habe eine Idee, Julia. Du kannst den Bus 35 zur „Verrückten Currywurst" nehmen. Ich nehme den Bus, der zum Fisch-Restaurant fährt."

„Warum willst du das so machen?"

„Weil wir so den Preis **vergleichen** können."

„OK. Ich rufe dich mit dem **Handy** an!"

Ich nehme den Bus, der zum Fisch-Restaurant fährt. Ich bin **sehr müde**, also schlafe ich ein **bisschen**. Ich werde eine ganze Zeit **später wach**. Der Bus steht still und **außer** dem **Busfahrer** ist niemand da."

„Entschuldigung, wo sind wir?", frage ich den Busfahrer.

„Wir sind in Düsseldorf angekommen."

„Wie bitte? Wir sind in Düsseldorf? Oh, nein! Wie ist das **möglich**?"

Ich nehme das Handy aus der **Tasche** und versuche meine Schwester anzurufen. **Mist!** Mein Handy hat keinen **Akku**. Ich kann es nicht **einschalten**! Ich steige aus dem Bus. Ich bin in Düsseldorf. Düsseldorf ist weit weg! **Ich kann es nicht glauben.** Ich bin im Bus eingeschlafen und er hat mich nach Düsseldorf gebracht. Was mache ich jetzt?

Ich **spaziere** durch die Straßen von Düsseldorf. Ich suche eine **Telefonzelle**. Ich frage eine Dame.

„Entschuldigen Sie bitte. Wo kann ich eine Telefonzelle finden?"

„Gleich **um die Ecke** gibt es eine, junger Mann."

„Vielen Dank. Schönen Tag noch."

„Bitte, schönen Tag."

Es ist fünf Uhr nachmittags und meine Schwester weiß nicht, wo ich bin. Sie ist sicher sehr **besorgt**! Ich gehe in die Telefonzelle. Oh, nein! Ich erinnere mich nicht mehr an Julias Nummer! Was soll ich nur machen? Ich habe Geld, aber nicht ihre Nummer. Ich werde ein Restaurant suchen. Ich habe großen Hunger. Später denke ich nach.

Ich gehe in ein **billiges** Restaurant und der **Kellner** kommt.

„Guten Tag!"

„Guten Tag."

„Was wünschen Sie?"

„Ich hätte gerne...Currywurst?" sage ich dem Kellner, nachdem ich in **die Karte** gesehen habe.

„Entschuldigung? Ich habe Sie nicht richtig verstanden, junger Mann."

Ich fange an laut zu **lachen**. Im Restaurant gucken mich viele Leute an.

Nach dem Essen **schäme ich mich**. Ich **hätte nicht so laut lachen sollen**, aber es war **witzig**. Wir wollten Currywurst essen, und hier bin ich. Ich esse Currywurst in Düsseldorf und meine Schwester weiß nicht wo ich bin. Das ist so ironisch! Was kann ich jetzt tun? Ich habe kein Geld und auch nicht die Nummer meiner Schwester. Jetzt weiß ich es! Ich werde in London anrufen!

Ich gehe zurück zur Telefonzelle und wähle die Telefonnummer vom Haus meiner Eltern in London. Es **klingelt** viermal, bis meine Mutter Clara endlich antwortet.

„Hallo, Schatz? Wie geht es dir? Wie läuft es in Köln?"

„Hallo, Mama. Ich habe ein Problem."

„Was ist los, mein Sohn? Ist **etwas Schlimmes** passiert?"

„Nein, Mama. Bitte ruf Julia an und sage ihr, dass ich in Düsseldorf bin und mein Handy keinen Akku mehr hat."

„In Düsseldorf? Was machst du denn in Düsseldorf?"

„Das ist eine lange Geschichte, Mama."

Ich gehe in ein Hotel, bezahle eine **Übernachtung** und gehe auf mein Zimmer. Ich **ziehe mich aus** und nehme einen Pyjama aus meinem Rucksack. Ich **mache das Licht aus** und schlafe. Was für ein **verrückter Tag**!

Anhang zu Kapitel 2

Zusammenfassung

Daniel und Julia kommen in Köln an. Dort empfängt sie Michael, ein Freund von Daniel. Sie gehen zusammen zu Michaels Wohnung. Die Geschwister fragen ihn, wo sie essen gehen können, weil sie Hunger haben. Daniel wacht in Düsseldorf auf, nachdem er im Bus eingeschlafen ist. Sein Handy hat keinen Akku mehr und er muss eine Nacht im Hotel schlafen.

Vokabeln

- **landen** = land
- **der Ausgang** = exit
- **die Umarmung** = hug
- **kräftig** = powerful
- **ich freue mich dich zu sehen** = it's good to see you
- **neugierig** = curiously
- **ich stelle dir.....vor** = I introduce you to...
- **erfreut dich kennen zu lernen** = nice to meet you
- **schüchtern** = shy
- **das Apartment** = apartment
- **Juni** = June
- **schwül** = sultry, humid
- **in der Nähe** = to short distance
- **in Richtung** = in the direction of
- **guck da** = look there
- **Kann ich euch helfen?** = Can I help you?

- **gleich hier** = right here
- **sie sieht besorgt aus** = she seems worried
- **vergleichen** = compare
- **das Handy** = mobile phone
- **ich bin sehr müde** = I'm very sleepy
- **später** = later
- **wach** = awake
- **ein bisschen** = a little bit
- **außer** = except (for)
- **der Busfahrer** = bus driver
- **möglich** = possible
- **die Tasche** = pocket
- **Mist!** = Damn!
- **Der Akku** = battery (in cell phones)
- **einschalten** = turn something on
- **ich kann es nicht glauben** = I can't believe it
- **spazieren** = walk
- **die Telefonzelle** = phone booth
- **um die Ecke** = around the corner
- **besorgt** = worried
- **der junge Mann** = boy (young man)
- **Was wünschen Sie?** = What do you want?
- **die Karte** = menu
- **lachen** = laugh
- **sich schämen** = to be embarressed
- **Ich hätte nicht so laut lachen sollen** = I shouldn't have laughed so loudly
- **witzig**= strange, funny
- **klingelt** = rings (sound)
- **etwas Schlimmes** = something bad
- **es ist eine lange Geschichte** = it's a long story
- **die Übernachtung** = a night in a hotel
- **sich <u>aus</u>ziehen** = to get undressed

- **das Licht ausmachen** = switch off the lights
- **verrückter Tag** = crazy day

Fragen im Auswahlverfahren

Wählen Sie nur eine Antwort je Frage aus

6. Michael ist:
    a. Ein Arbeiter im Flughafen
    b. Ein Freund der Eltern
    c. Ein Freund von Julia
    d. Ein Freund von Daniel

7. In Köln ist es:
    a. Kalt
    b. Warm
    c. Weder kalt noch warm
    d. Weiß man nicht

8. Vom Flughafen gehen sie:
    a. Zu einem Restaurant
    b. Zu Michaels Wohnung
    c. Zu Daniels Wohnung
    d. Nach Düsseldorf

9. Daniel kann seine Schwester nicht anrufen, weil:
    a. Sein Handy keinen Akku hat
    b. Er kein Geld hat
    c. Er keine Telefonzelle findet
    d. Er kein Handy hat

10. Daniel schläft eine Nacht:
    a. In einem Hotel in Köln
    b. Im Bus
    c. In einem Hotel in Düsseldorf
    d. Gar nicht

6. d
7. b
8. b
9. a
10. c

Kapitel 3 – Die Landstraße

Ich werde wach und dusche. Ich bestelle das Frühstück per Telefon und esse **in Ruhe**. Ich ziehe mich an, gehe aus dem Zimmer und sehe die Uhrzeit auf einer **Uhr** im **Flur.** Es ist 10:00 Uhr morgens. Bevor ich aus dem Hotel gehe, frage ich mich, ob meine Mutter mit Julia gesprochen hat. Meine Schwester ist eine sehr nervöse Person. Ich hoffe, dass es ihr gut geht.

Als ich zum Hoteleingang komme, sehe ich, wie zwei **Arbeiter Kisten** zu einem **Lastwagen** bringen. Auf dem Lastwagen ist ein **Schild** mit dem Namen der **Firma**. Ich fange an, laut zu lachen. So wie im Restaurant. Aber **ich merke es** schnell und ich **halte den Mund**, um nicht viel **Lärm** zu machen. Das Schild auf dem Lastwagen ist von der Firma: "Die verrückte Currywurst".

Ich gehe zu einem der Arbeiter und **rede** mit ihm.

„Hallo", sagt er.

„Guten Tag", antworte ich.

„Was möchten Sie?"

„Sind Sie ein Arbeiter aus einem Kölner Restaurant?"

„Nein, ich arbeite als **Fahrer**."

„Kennen Sie das Restaurant?"

„Ja, wir bringen jede Woche **Pommes** für die Currywurst, aber ich arbeite nicht dort."

Der Fahrer **steigt in den Lastwagen** und ich denke nach. Wie kann ich zurück nach Köln kommen? Ich brauche eine **Lösung**. Ich muss **zurück** zu Michaels Wohnung. Julia wartet auf mich. Ich habe eine Idee!

„Entschuldigen Sie!", sage ich zum Fahrer.

„Was gibt es, junger Mann?"

„Könnten Sie mich bis Köln mitnehmen?"

„Jetzt?"

„Ja."

Der Fahrer **zögert** lange, bis er mir **endlich** antwortet.

„Ok, du kannst hinten im Lastwagen zwischen den Pommes-Kisten sitzen, aber **sag es niemandem**."

„Danke."

„Bitte, Junge. Schnell, wir müssen jetzt los!"

Ich **steige** hinten in den Lastwagen ein und setze mich zwischen die Pommes-Kisten. Der Lastwagen **startet** und fährt Richtung Köln. Ich sehe nichts. Ich höre nur den **Motor** vom Lastwagen und die Autos der **Landstraße**. Etwas **bewegt sich**! Zwischen den Kisten ist eine **Person**.

„Hallo?", sage ich.

Stille.

„Ist da jemand?"

Schon wieder Stille. Aber ich weiß, dass da eine Person zwischen den Kisten ist. Ich stehe auf und gehe hin. Welche **Überraschung**! Es ist ein alter Mann!

„Wer sind Sie?"

„Lass **mich in Ruhe**, Junge!"

„Was machen Sie hier?"

„Ich reise nach Köln."

„Weiß der Fahrer, dass Sie hier sind?"

„Das weiß er nicht. Ich bin in den Lastwagen gestiegen, während du mit ihm gesprochen hast."

Der Fahrer stoppt den Lastwagen und **steigt aus**. Der alte Mann schaut mich besorgt an.

„Warum hat er **angehalten**?"

„Das weiß ich nicht."

Man hört Lärm an der Hintertür des Lastwagens.

„Ich muss **mich verstecken!**", sagt der Mann.

Der Fahrer steigt in den Lastwagen und sieht nur mich. Der Mann hat sich zwischen den Kisten versteckt.

„Was ist hier los?", fragt er mich.

„Nichts."

„Mit wem hast du gesprochen?"

„Ich? **Mit niemandem**. Ich bin alleine hier. Sehen Sie das nicht?"

„Wir sind noch nicht angekommen, Junge. **Mach keinen Lärm**. Ich will keine **Probleme**."

„Verstanden."

Der Fahrer schließt die **Hintertür** und geht zurück ans **Lenkrad**. In diesem Moment kommt der alte Mann zwischen den Kisten heraus und schaut mich **lächelnd** an.

„**Gott sei Dank**! Er hat mich nicht gesehen!", sagt er.

„Sagen Sie mal, warum reisen Sie von Düsseldorf nach Köln?"

„Willst du das wissen?"

„Ja, natürlich."

„Ich **erzähle** dir eine kleine **Geschichte**."

„Ja gerne, bitte."

Der alte Mann erzählt mir seine Geschichte:

„Ich habe einen Sohn. Ich kenne ihn nicht. Vor vielen Jahren waren seine Mutter und ich zusammen, aber ich ging zum Arbeiten in ein anderes **Land**. **Vor kurzem fand ich heraus,** wo sie sind."

„In Köln?"

„So ist es."

„Wie alt ist Ihr Sohn?"

„Er ist 24 Jahre alt."

„Genau wie ich!"

Der alte Mann lacht.

„Wie komisch!"

„Ja, das ist es."

Nach einigen Minuten Stille stehe ich auf, um mir **die Beine zu vertreten** und ich frage den Mann:

„Wie heißt Ihr Sohn?"

„Er heißt Michael. Er hat eine Wohnung in Köln. Er wohnt nah am Restaurant 'Die verrückte Currywurst'. **Deshalb** reise ich in diesem Lastwagen."

Ich gucke den alten Mann an **ohne zu blinzeln**. Ich konnte es nicht glauben.

Zusammenfassung

Daniel wacht im Hotel auf. Als er aus seinem Zimmer geht, sieht er einen Fahrer und einen Lastwagen vom Restaurant "Die verrückte Currywurst". Er fragt den Fahrer, ob er mit ihm im Lastwagen nach Köln reisen kann. Der Fahrer sagt ja und Daniel findet einen alten Mann im Lastwagen. Er reist auch nach Köln.

Vokabeln

- **in Ruhe** = in peace
- **die Uhr** = watch
- **der Flur** = hallway
- **die Arbeiter** = workers, employees
- **die Kisten** = boxes
- **der Lastwagen** = truck
- **das Schild** = sign
- **die Firma** = company
- **ich merke es** = I realise
- **ich halte den Mund** = I shut up
- **der Lärm** = noise
- **reden** = to talk
- **die Hintertür** = back door
- **der Fahrer** = driver
- **die Pommes** = French fries
- **in den Lastwagen steigen** = to get into the truck
- **die Lösung** = solution
- **zurück** = back

- **jetzt** = now
- **zögern** = hesitate
- **endlich** = finally
- **sag es niemandem** = don't tell anyone
- **Bitte** = you are welcome
- **schnell** = quick
- **wir müssen jetzt los** = we have to go now
- **einsteigen** = to get in (a car), to board (transportation)
- **starten** = start (a vehicle)
- **der Motor** = engine
- **die Landstraße** = road
- **sich bewegen** = to move
- **die Person** = person
- **die Stille** = silence
- **die Überraschung** = surprise
- **lass mich in Ruhe** = leave me alone
- **aussteigen** = to get out, disembark
- **anhalten** = to stop
- **sich verstecken** = hide
- **mit niemandem** = with no one (negative)
- **sich (dat.) die Beine vertreten** = stretch ones legs
- **deshalb** = that's why
- **ohne zu blinzeln** = without batting an eyelid

11. Daniel wacht um:
    a. 10:15 Uhr auf
    b. 10:00 Uhr auf
    c. 11:00 Uhr auf
    d. 12:15 Uhr auf

12. Der Fahrer des Lastwagens:
    a. Arbeitet im Hotel
    b. Arbeitet im Restaurant "Die verrückte Currywurst"
    c. Arbeitet nur als Fahrer
    d. Arbeitet für ein anderes Restaurant

13. Daniel findet im Lastwagen :
    a. Einen jungen Mann
    b. Eine junge Frau
    c. Einen Fahrer
    d. Einen alten Mann

14. Die Person reist im Lastwagen weil:
    a. Sie in "Der verrückten Currywurst" arbeiten will
    b. Sie als Fahrer arbeiten will
    c. Sie ihren Vater besuchen will
    d. Sie ihren Sohn besuchen will

15. Der Sohn des Mannes heißt:
    a. Daniel
    b. Michael
    c. Julia
    d. Clara

11. b
12. c
13. d
14. d
15. b

Kapitel 4 – Die Rückkehr

Der Lastwagen kommt in Köln an. Der Fahrer stoppt den Motor und wir steigen hinten aus. **Ich bedanke mich**, während der alte Mann sich zwischen den Leuten versteckt:

„Danke für **die Fahrt**."

„Bitte, Junge. Hab einen schönen Tag!"

Der Mann und ich gehen bis zu Michaels Wohnung. Er weiß nicht, dass ich Michael kenne und dass er mein Freund ist.

Wir gehen eine Stunde lang und sehen dann "Die verrückte Currywurst". Wir gehen hinein, doch es ist niemand da. Es ist 17:00 Uhr und noch sehr **früh** zum **Abendessen**.

Ich frage den Mann:

„Was machen wir?"

Und er antwortet mir:

„Ich habe keinen Hunger. Gehen wir zu der Wohnung."

Da Michael mein Freund ist, weiß ich, dass er seinen Vater nicht kennt. Er hat mir von seinem Vater erzählt, aber **ganz selten**. Ich weiß, dass sie sich nie **persönlich** gesehen haben. Ich weiß nicht, **ob** ich dem Mann sagen soll, dass ich Michael kenne. **Besser nicht**. Es soll eine große Überraschung werden.

Wir kommen am Haus an und gehen ins Foyer. Dort sagt die **Hausmeisterin**:

„Guten Tag!"

„Hallo", antworten wir.

Wir **nehmen den Aufzug** bis in die **dritte Etage** und steigen aus. Wir gehen bis zur Wohnungstür.

„Hier ist es", sage ich zum alten Mann.

„Na endlich."

Wir drücken auf die **Klingel,** aber keiner macht auf.

„Julia? Michael? Ist da jemand?"

Es antwortet keiner. Ich **hole** den **Schlüssel, den** mir Michael gegeben hat, **raus** und öffne die Tür.

Der Mann fragt mich:

„Wo sind sie?"

„Keine Ahnung."

Ich gehe in Michaels Zimmer und mache meinen Rucksack auf. Im Rucksack habe ich ein **Ladegerät** für mein Handy. Mein Handy lädt sich **eine Stunde lang auf.** Endlich kann ich meine Schwester anrufen. Das Handy klingelt drei Mal und Julia antwortet:

„Daniel! Na endlich! **Ich war sehr besorgt**!"

„Hallo Julia. Mir geht's gut. Ich bin mit einem Mann in Michaels Wohnung."

„Mit einem Mann?"

„Ja, das ist eine lange Geschichte. Komm zur Wohnung, Julia. Wo bist du?"

„Ich gehe mit Michael **spazieren.**"

Wir kommen gleich.“

„Wir warten hier auf euch.“

Eine halbe Stunde später kommen Michael und Julia in die Wohnung.

„Hallo! Wer sind Sie?“, fragt Michael.

Bevor er antwortet, sage ich:

„Hallo, Michael. **Tut mir leid,** dass ich **ohne Erlaubnis** in deine **Wohnung** komme, aber es ist **wichtig.**“

„Was ist denn los?“

„Michael, das ist dein Vater.“

Michael ist sehr **überrascht.**

„Mein Vater? Das ist **nicht möglich**!“

Der Mann fragt ihn:

„Du bist Michael?“

„Ja, das bin ich! Es ist nicht möglich, dass Sie mein Vater sind.“

„Ich heiße Hans Bergmeister. Ich bin dein Vater.“

Michael **merkt,** dass er **wirklich** sein Vater ist, und umarmt ihn. **Nach all den Jahren** lernen sie sich endlich kennen. Michael war **sein Leben lang verschwunden,** aber endlich **konnte er** zu ihm **zurückkommen.**

„Das sollte gefeiert werden!“, sagt Michael.

„Ich bin einverstanden!“, sagt sein Vater Hans.

„Gehen wir in 'Die verrückte Currywurst'?", fragt Julia.

Ich antworte:

„Ich will keine Currywurst! Ich will nicht in das Restaurant und nicht mit dem Bus fahren! Ich will eine Pizza!"

Alle lachen...und ich am Ende auch.

„Was für eine verrückte Woche."

Zusammenfassung

Der alte Mann und Daniel gehen zur Wohnung. Sie gehen in
das Restaurant "Die verrückte Currywurst", aber dort ist
niemand, weil es noch zu früh ist. Sie gehen in Michaels
Zimmer und dort ist auch keiner. Daniel ruft Julia mit dem
Handy an und endlich kommen sie zurück ins Zimmer.
Michael lernt seinen Vater kennen. Daniel will keine
Currywurst im Restaurant essen.

Vokabeln

- **sich bedanken** = to say thank you
- **die Fahrt** = trip
- **Hab einen schönen Tag** = have a nice day
- **früh** = early
- **das Abendessen** = dinner
- **ganz selten** = very rarely
- **persönlich** = personally
- **ob** = whether
- **besser nicht** = better not
- **die Hausmeisterin** = housekeeper
- **nehmen den Aufzug** = take the lift
- **die dritte Etage** = third floor
- **die Klingel** = doorbell
- **Schlüssel, den mir Michael gegeben hat** = the key Michael gave me
- **raus**holen = to get something out

51

- **keine Ahnung** = no idea
- **das Ladegerät** = charger
- **aufladen** = to charge
- **eine Stunde lang** = for about 1 hour
- **ich war sehr besorgt!** = I was so worried!
- **spazieren gehen** = to go for a walk
- **tut mir leid** = I apologize for, I am sorry
- **ohne Erlaubnis** = without permission
- **die Wohnung** = flat
- **wichtig** = important
- **überrascht** = surprised
- **nicht möglich** = not possible
- **er merkt** = he realises
- **wirklich** = truly, really
- **nach all den Jahren** = after so many years
- **sein Leben lang** = throughout his life
- **konnte er zurück kommen** = he has been able to come back
- **verschwunden** = missing, disappeared
- **Das sollte gefeiert werden!** = It should be celebrated!
- **Ich bin einverstanden!** = I agree!

Fragen im Auswahlverfahren
Wählen Sie nur eine Antwort je Frage aus

16. Der alte Mann und Daniel gehen zuerst:
    a. Zu Michaels Wohnung
    b. Zu einer Telefonzelle
    c. Zum Restaurant "Die verrückte Currywurst"
    d. Zum Flughafen

17. Am Anfang ist in Michaels Wohnung:
    a. Julia und Michael
    b. Nur Julia
    c. Nur Michael
    d. Niemand

18. Als Daniel in Michaels Zimmer geht:
    a. Lädt er sein Handy auf
    b. Macht er das Abendessen
    c. Ruft er Michael an
    d. Ruft er seine Eltern an

19. Daniel ruft:
    a. Seine Eltern an
    b. Michael an
    c. Julia an
    d. Den Fahrer an

20. Julia will:
    a. In "Die verrückte Currywurst" gehen
    b. In das Fisch-Restaurant gehen
    c. Nach London
    d. Nach Düsseldorf

16. c
17. d
18. a
19. c
20. a

2. Das Wesen

Kapitel 1 – Der Ausflug

Silvia ist eine Frau, die gern **wanderte**. Jedes **Wochenende** nahm sie ihren Rucksack, ihre **Wasserflasche**, ihre **Bergkleidung** und lief bis zum Berg Wolfskopf. Das ist ein Berg in Niedersachsen, im Norden Deutschlands.

Am ersten Samstag im Monat **verabredete** sie sich mit ihrem Freund Jochen. Da Jochen ebenfalls gern wanderte, begleitete er Silvia bei ihrem **Ausflug**. Sie sahen sich am Anfang des Weges und begrüßten sich:

„Silvia! Hier bin ich!", rief Jochen.

„Ich sehe dich! Ich komme!"

Silvia **hielt an** und wartete auf Jochen. Jochen rannte schnell zu Silvia.

„Jochen, renne nicht so. **Sonst** bist du schnell **erschöpft**."

„Keine Sorge, ich habe ein Energie-Getränk für den Weg."

Der Wolfskopf ist ein bekannter Berg in Niedersachsen, wohin viele **Bergsteiger** zum Wandern oder zum Laufen gehen. Einige Familien fahren dort mit dem Auto zum Abendessen hin, andere Leute, um professionelle Fotos zu machen oder im Sommer **zu zelten**.

Niedersachsen ist eine Region Deutschlands mit sehr milden Temperaturen. In Niedersachsen regnet es normalerweise viel, es ist **neblig** und der Sommer ist nicht sehr heiß. Es sind mittlere Temperaturen. Silvia und Jochen **nutzen** das Juliwetter **aus**, wenn es warm ist und sie keine Jacke brauchen.

„Jochen, welchen Weg nehmen wir? Den rechten oder den linken?"

„Ich **bevorzuge** den linken Weg."

„Aber ich bevorzuge den rechten Weg."

„Warum, Silvia?"

„Über diesen Weg gibt es eine Legende. Man sagt, dass oft ein großes **behaartes** Wesen gesehen wurde."

„Glaubst du diese Geschichten?"

„Wir könnten da lang gehen."

„Na gut, Silvia. Gehen wir."

Eine Stunde später gingen sie auf einem **schmalen** Weg, der **von Bäumen umgeben war**, so dass man **kaum noch** die Sonne am Himmel sah.

Silvia fragte Jochen:

„Glaubst du, dass es **ungewöhnliche** Wesen in den Wäldern gibt?"

„Ich glaube das nicht."

„Warum?"

„Ich habe niemals ein Wesen gesehen. Hast du?"

„Nicht in diesem Wald."

Jochen fragte sich, **was sie damit meinte**, aber er fragte sie lieber nicht und ging weiter.

Einige Kilometer später **liefen die beiden Freunde an Bäumen und Wegen vorbei.** Man sah die Sonne nicht, und ihre **Schritte** führten zu einem See, an dem ein Haus stand. Das Haus war aus **Holz** und **schien alt zu sein.**

„Guck mal da, Jochen."

„Wo?"

„Da! Da ist ein Holzhaus."

„Ah, ja! Ich sehe es! Gehen wir?"

„Und wenn da jemand ist?"

„**Hab keine Angst**, Jochen. Da ist sicher niemand."

Das Pärchen ging bis zum Haus und erforschte den Ort, bevor sie hineingingen.

Silvia sagte:

„Das Haus scheint vor langer Zeit **gebaut worden** zu sein."

„Ja, Silvia. Sieh dir mal **den Zustand** der Fenster und des Holzes an. Sie sind sehr alt. Komm her!"

Sie näherten sich dem **Seeufer**, wo kleine **Wellen** ein kleines Boot bewegten. Das Boot sah genau so alt aus wie das Haus.

„Silvia, steigen wir ein?"

„Wozu?"

„Wir können zur Mitte des Sees fahren. **Lass uns Spaß haben!**"

„Komm!"

Silvia und Jochen stiegen in das Boot und **stellten** ihre Rucksäcke **ab**. Das Holz sah alt und **kaputt** aus. Es gab zwei **Ruder**. Sie benutzten die Ruder, um in die Mitte des Sees zu kommen.

Silvia sagte zu Jochen:

„Wie gut man es hier hat, Jochen!"

„Ja, das stimmt. **Obwohl** es viele Bäume gibt, können wir die Sonne **von hier aus** perfekt sehen."

„Ja. Möchtest du etwas essen?"

„Klar, Silvia! Was hast du mitgebracht?"

Silvia nahm Kuchen, Energie-Getränke und **Butterbrote** aus ihrem Rucksack.

„Was möchtest du?"

„Das Butterbrot sieht sehr lecker aus."

„Ich möchte es nicht, also ist es für dich, Jochen."

„Danke!"

Sie aßen in Ruhe, während sich das Boot in der Mitte des Sees hielt. **Plötzlich** hörten sie ein **Geräusch**, das von dem Haus kam:

„Hast du das gehört?" sagte Jochen zu Silvia.

„Ja, das habe ich", antwortete sie mit erschrockenem Gesicht.

„Ich glaube, es kommt aus dem Haus."

„Das glaube ich auch. Komm!"

Jochen und Silvia ruderten ohne Pause bis sie ans Ufer kamen. Sie **setzten sich wieder ihre Rucksäcke auf** und gingen bis zum alten Holzhaus.

„Jochen, ich habe dir vorher nichts gesagt, aber ich wollte zu diesem Haus gehen."

„Warum? **Ich habe angenommen**, dass wir wandern gehen."

„Ja, aber in den Wäldern gibt es viele **verlassene Hütten** und ich **erforsche** gerne."

„Dann gehen wir doch in das Haus."

Einige Schritte später öffneten sie die Haustür, und das Pärchen ging hinein. Drinnen war alles sehr **schmutzig** und verlassen. Das Haus schien seit vielen Jahren nicht mehr benutzt worden zu sein. Jetzt gab es nichts als **Staub**.

„Silvia, schau das mal an!"

„Was?"

„Hier, neben dem Fenster."

Silvia schaute. Auf dem Boden waren sehr große **Abdrücke** im Staub.

„Was glaubst du, wovon die Abdrücke sein können?"

„Ich glaube, sie sind von einem **Bär**", sagte Silvia.

„Von einem Bär, Silvia? Es gibt keine Bären in der Nähe! Die Bären sind auf einem anderen Berg, viele Kilometer weit weg."

„Dann weiß ich nicht, von wem sie sein können. **Lass uns verschwinden!**"

Ohne Vorwarnung wurden sie von Lärm in der Küche überrascht, und sie konnten eine große, haarige Figur aus der Tür laufen sehen, die **alles kaputt machte.** Das Wesen **grunzte** und lief sehr schnell. Das Pärchen war **wie gelähmt,** bis sie das Wesen **aus den Augen verloren.**

Zusammenfassung

Silvia und Jochen werden einen Ausflug zum Berg Wolfskopf machen. Sie tragen Rucksäcke mit Energie-Getränken und Essen. Sie gehen durch den Wald und entdecken ein altes Haus, und einen See mit einem alten Boot. Sie hören Lärm in der Küche des Hauses und sehen ein großes Wesen, das von dort in den Wald rennt.

Vokabeln

- **das Wesen** = creature
- **wandern** = to hike
- **das Wochenende** = weekend
- **die Wasserflasche** = water flask
- **die Bergkleidung** = mountain clothing
- **verabreden** = make an appointment
- **der Ausflug** = excursion
- **sie hielt an (<u>an</u>halten)** = she stopped
- **sonst** = or else, otherwise
- **erschöpft** = exhausted
- **der Bergsteiger** = mountain climber
- **zelten** = to camp
- **neblig** = foggy
- **etwas ausnutzen** = to take advantage of something
- **bevorzugen** = to prefer
- **die Jacke** = jacket
- **behaart** = furry, hairy
- **schmal** = narrow

- **von etwas umgeben sein** = to be surrounded by something
- **kaum noch** = hardly
- **ungewöhnlich** = strange
- **was sie damit meinte** = what she had in mind
- **an etwas <u>vorbei</u>laufen** = to run past something
- **der Schritt** = step
- **das Holz** = wood
- **es schien alt zu sein (scheinen)** = it seemed old
- **hab keine Angst** = don't be afraid
- **gebaut worden** = it was built
- **der Zustand** = state, condition
- **das Holz** = wood
- **das Seeufer** = shore of the lake
- **die Welle** = wave
- **wozu?** = what for?
- **lass uns Spaß haben** = let's have fun
- **etwas <u>ab</u>stellen** = to set something aside
- **kaputt** = broken
- **die Ruder** = oars
- **obwohl** = even though
- **von hier aus** = from here
- **das Butterbrot** = sandwich
- **plötzlich** = suddenly
- **das Geräusch** = noise
- **sich etwas wieder <u>an</u>setzen** = to put something back on
- **<u>an</u>nehmen** = to assume
- **verlassene Hütten** = abandoned huts
- **erforschen** = explore
- **schmutzig** = dirty
- **der Staub** = dust

- **die Abdrücke** = footprints
- **der Bär** = bear
- **lass uns verschwinden**! = Let's get out of here! (Let's 'disappear')
- **kaputt machen** = break
- **grunzen** = to growl
- **wie gelähmt** = as though they were paralysed
- **aus den Augen verlieren** = to lose sight of

Fragen im Auswahlverfahren
Wählen Sie nur eine Antwort je Frage aus

1. Silvia und Jochen sind aus:
   a. Köln
   b. Niedersachsen
   c. Düsseldorf
   d. Bayern

2. Der Ausflug geht zu:
   a. Einem Berg
   b. Einem Strand
   c. Einem kleinen Dorf
   d. Einer Stadt

3. Auf einem Weg gehend finden sie:
   a. Ein Dorf
   b. Eine Stadt
   c. Ein Geschäft
   d. Ein Haus

4. Als sie das Boot sehen:
   a. Setzen sie sich hinein
   b. Schlafen sie auf ihm
   c. Nutzen sie es, um sich zu wärmen
   d. Nutzen sie es, um zur Mitte des Sees zu fahren

5. Am Ende des Kapitels hören sie Lärm:
   a. Auf dem Boot
   b. In der Küche
   c. Im Saal
   d. Im Wald

Lösungen Kapitel 1

1. b
2. a
3. d
4. d
5. b

Kapitel 2 – Die Suche

„Hast du das gesehen, Silvia?"

„Ja! Was war das?"

„Keine Ahnung! Aber es war ein großes und **hässliches** Wesen."

„Was machen wir jetzt, Jochen?"

„Lass uns hinterhergehen."

„Werden wir es **verfolgen**?"

„Natürlich!"

Jochen und Silvia gehen aus dem alten Holzhaus und folgen den Abdrücken bis in den Wald.

„Hier sind viele Bäume und viele Wege", sagt Jochen. „**Wir müssen uns trennen.**"

„Bist du verrückt, Jochen! Uns trennen? Da läuft ein großes und hässliches Wesen **frei herum**, und wir wissen nicht, was es ist!"

„Ich weiß, Silvia. Aber falls wir es mit dem Handy filmen können, **kommen wir** vielleicht **in die Nachrichten**."

„Ist doch egal!"

„Ich will in die Nachrichten kommen."

„Wie **doof** du **manchmal** bist, Jochen. **Na gut**, trennen wir uns."

Zwei Stunden später gingen Silvia und Jochen durch den Wald und verfolgten das Wesen. Silvia glaubte nicht, dass das Wesen **echt sei**. Sie glaubte, das Wesen wäre ein **verkleideter Witzbold**.

Jochen **hingegen** dachte, dass das Wesen echt sei. Eine Art Tier, das in den Wäldern **überlebt** hat und niemals gefilmt wurde.

Jochen kam an einen Berg. Im Berg war eine **Höhle**. Bald würde es Nacht werden, also ging er in die Höhle. Er nahm sein Handy aus der Tasche und begann zu filmen. In der Höhle war nichts, doch plötzlich hörte er einen **Schrei**. Es war das Wesen, das **auf ihn zukam**.

Silvia hatte seit zwei Stunden nichts von Jochen gehört. Sie **wusste nicht**, wo sie war, und ihr Handy hatte an dieser Stelle keinen **Empfang**. Da es schon Nacht war, ging sie zum Haus zurück. Sie setzte sich auf ein altes Bett, das dort stand und wartete auf Jochen. Sie holte ein Stück Butterbrot aus ihrem Rucksack und aß. Am Ende **schlief sie ein**.

Silvia wachte am nächsten Tag auf. Jochen war nicht da. Silvia **begann, sich** um Jochen **Sorgen zu machen**, also **entschied sie sich**, das Haus und den Berg zu verlassen. **Sie ging stundenlang den Weg hinunter**, den sie **am Tag zuvor** gekommen war, bis sie ein **Dorf** sah.

Das Dorf war sehr **belebt**. Familien gingen zur Arbeit, die Kinder **rannten** und **spielten** auf dem Weg zur Schule, Autos starteten und es roch nach Frühstück. Silvia ging zum nächsten Restaurant. Sie ging hinein. Dort frühstückten Leute jeden Alters, ganze Familien, Jugendliche und Greise. Sie wusste nicht, was sie sagen oder fragen sollte.

Sie ging zum Kellner und sagte:

„Guten Tag.“

„Guten Tag. Was wünschen Sie?“

„Kann ich das Telefon benutzen?“

„Natürlich können Sie. Es ist dort **an der Wand**.“

„Danke.“

„Wünschen Sie noch etwas?“

„Nein, vielen Dank.“

Silvia ging zum Telefon an der Wand und **wählte die Nummer** von Jochen. Vielleicht war ihr Handy das Problem. Aber nein. Sein Telefon hatte immer noch keinen Empfang. Sie dachte nach und entschied: Ich rufe zuhause bei Jochen an.

Das Telefon klingelte einmal, zweimal, dreimal. Warum **nahm** niemand **ab**?

Silvia wusste nicht, was vorging. Jochens Bruder war normalerweise morgens zuhause, da er dort arbeitet.

Sie rief zum zweiten Mal an, aber niemand antwortete.

Silvia ging also aus dem Restaurant und setzte sich auf eine **Bank**. Dort dachte sie noch einmal nach. Silvia war eine sehr intelligente Frau, die immer nachdachte, wenn es Probleme gab und nur selten nervös wurde.

Sie stand von der Bank auf und entschied sich, direkt zu Jochens Haus zu gehen. Vielleicht hatte er auch nichts gefunden und war nach Hause gegangen. Sie hielt ein Taxi auf der Straße an und sprach mit dem Fahrer, während sie zu Jochens Haus fuhr.

„Wie heißen Sie?", fragte der Taxifahrer.

„Silvia, ich heiße Silvia."

„Und, was machen Sie? Gehen Sie zur Arbeit?"

„Nein, ich gehe einen Freund zuhause besuchen."

„Was für ein Glück! Ich muss den ganzen Tag arbeiten!"

Silvia sagte nichts mehr. Der Taxifahrer war sehr sympathisch und **gesprächig,** aber sie wollte nicht mehr reden. Sie wollte nur noch Jochen finden. Sie glaubte nicht, dass es ein seltsames Wesen im Wald gab. Sie wollte wissen, wo ihr Freund war.

„Da sind wir, Silvia. Das macht 9,50 €."

„Nehmen Sie, behalten Sie den Rest."

„Danke! Schönen Tag noch!"

„Ihnen auch!"

Silvia stieg aus dem Taxi und ging zu Jochens Haus. Es war ein schönes und großes Haus mit zwei **Etagen,** eigenem Garten und Garage. Es befand sich in einem sehr schönen und ruhigen **Viertel** mit großen Häusern und Geschäften, die Obst, Brot und **alles Notwendige** verkauften. Jochens Auto stand vor dem Haus. War Jochen drinnen? Hatte er seine Familie angerufen?

Das verstehe ich nicht. Wenn Jochen den Wagen genommen hätte, um nach Hause zu fahren, warum habe ich dann keine Nachricht auf meinem Handy?

Silvia klingelte dreimal an der Tür, aber niemand antwortete.

Sie ging besorgt zum Haus ihrer beiden Freundinnen Claudia und Veronika. Ihre beiden besten Freundinnen waren auch nicht zuhause und hatten die Handys **ausgeschaltet**. Es passierte etwas **Ungewöhnliches** und sie konnte es nicht verstehen. Seitdem sie dieses **merkwürdige** Wesen getroffen hatten, waren alle ihre Freunde und Freundinnen verschwunden.

Sie entschied sich, **die Initiative zu ergreifen** und **herauszufinden**, was dieses Wesen war. Sie glaubte nicht, dass es ein **Ungheuer** sei, doch sie nannte es trotzdem so. Es war sicherlich ein Bär, ein **Wolf** oder etwas Ähnliches. Es gab wenig Licht im Haus, und sie hatten es nicht richtig sehen können.

Wenige Minuten später nahm sie ein anderes Taxi und kehrte zum Weg zurück, um in den Wald und an den See zu kommen. Sie lief einige Minuten auf dem Weg und konnte von dort das alte Holzhaus sehen. Dieses Mal war etwas anders; es war Licht im Haus.

Anhang zu Kapitel 2

Zusammenfassung

Silvia und Jochen suchen das Wesen der Wälder. Jochen verschwindet und Silvia weiß nicht, wo er ist. Sie geht zurück zum Haus und schläft in einem alten Bett. Als sie erwacht, ist er nicht da. Sie ist besorgt und geht ins Dorf zurück. Sie fragt nach Jochen und versucht, ihre Freundinnen zu finden. Aber niemand ist da. Am Ende kehrt sie zum Haus am See zurück, um zu verstehen, was passiert ist.

Vokabeln

- **hässlich** = ugly
- **hinterhergehen** = to go after
- **verfolgen** = pursue
- **natürlich** = of course
- **wir müssen uns trennen** = we have to split up
- **frei herum** = on the loose
- **in die Nachrichten kommen** = to be in the news
- **ist doch egal** = Who cares?
- **doof** = stupid
- **manchmal** = sometimes
- **Na gut** = OK then (colloquial)
- **echt** = real
- **sei (sein)** = is (konjunktiv)
- **verkleidet** = dressed up
- **Der Witzbold** = joker
- **hingegen** = however
- **überleben** = to survive

71

- **die Höhle** = cave
- **Nacht werden** = to become night
- **der Schrei** = the scream
- **auf jemanden <u>zu</u>kommen** = to approach someone
- **wusste nichts** = without knowing anything
- **der Empfang** = network coverage
- **sie schlief ein (<u>ein</u>schlafen)** = she went to sleep
- **begann sich Sorgen zu machen** = began to worry
- **sich entscheiden** = to decide
- **den Weg <u>hinunter</u>gehen** = to go down the path
- **am Tag zuvor** = the day before
- **das Dorf** = village
- **belebt** = lively
- **rannten** = ran
- **spielten** = played
- **an der Wand** = on the wall
- **die Nummer wählen** = to dial the number
- **<u>ab</u>nehmen** = to answer the phone
- **die Bank** = bench
- **was für ein Glück!** = how nice (lit. how lucky)
- **gesprächig** = talkative
- **behalten Sie den Rest** = keep the change
- **die Etagen** = floors
- **Viertel** = neighbourhood
- **alles Notwendige** = everything you'd need
- **ausgeschaltet** = switched off
- **ungewöhnlich** = unusual
- **merkwürdig** = strange
- **die Initiative zu ergreifen** = to take the initiative

- **<u>heraus</u>finden** = to find out
- **das Ungeheuer** = monster
- **der Wolf** = wolf

Fragen im Auswahlverfahren
Wählen Sie nur eine Antwort je Frage aus

6. Silvia glaubt, das Wesen:
    a. Ist echt
    b. Ist ein Witzbold
    c. Ist Jochen
    d. Ist echt, aber sie weiß nicht, was es ist

7. Jochen findet:
    a. Ein Gebäude aus Stein
    b. Eine Brücke
    c. Ein Auto
    d. Eine Höhle

8. Silvia schläft in:
    a. Einem Wald
    b. Einem Boot am See
    c. Einem Bett im Haus
    d. Einem Dorf

9. Als Silvia aufwacht:
    a. Geht sie zum Dorf
    b. Geht sie zur Höhle
    c. Ruft sie Jochens Eltern an
    d. Ruft sie ihre Eltern an

10. Als Silvia zurück zum See geht, sieht sie:
    a. Das verbrannte Haus
    b. Licht im Haus
    c. Das Wesen im Haus
    d. Jochen im Haus

Lösungen 2

6. b
7. d
8. c
9. a
10. b

Kapitel 3 – Die Überraschung

„Licht im Haus!", sagte Silvia. „Ich kann es nicht glauben!"

Silvia ging den Weg, der zum See führte, hinunter und stellte ihren Rucksack neben einen Baum. Der Baum war sehr groß und hatte viele **Äste** und **Blätter**.

Sie **näherte sich dem Haus** und konnte darin das **dämmerige** Licht sehen. Sie konnte keine Leute sehen, sondern nur ein orangenes Licht. Sie **umkreiste** das Haus, um zu sehen, wer darin war.

„Hallo?", schrie sie. „Ich bin es, Silvia!"

Es antwortete niemand, aber es war Lärm im Haus.

Silvia näherte sich der Tür und öffnete sie. Da fand sie etwas, was sie nicht erwartete.

Alle ihre Freunde waren **versammelt**. Es waren sehr viele Leute im Haus; ihre Eltern, die ganze Familie, ihre Freundinnen Claudia und Veronika.

„Silvia!", riefen alle. „Da bist du ja!"

„Hallo!", sagte sie. „Was ist hier los?"

„Wir werden es dir erzählen. Setz dich."

Silvia setzte sich auf das alte Bett, in dem sie die vorherige Nacht geschlafen hatte, als sie auf Jochen wartete.

„Was ist passiert?", fragte Silvia **schließlich**.

Die Leute setzten sich mit **besorgtem Gesicht um sie herum**. Niemand antwortete.

76

„Und wo ist Papa?", fragte sie ihre Mutter.

„Er arbeitet, gleich kommt er."

„Kann mir jemand sagen, was hier vorgeht?"

Ihre Mutter stand auf und erzählte ihr alles:

„Wir glauben, dass Jochen von einem Wesen in den Wald mitgenommen wurde."

„Wie? Woher wisst ihr, dass wir ein Wesen gesehen haben?"

„Jochen hat mit seinem Handy eine Nachricht geschickt."

Silvia verstand immer noch nichts und sagte:

„Warum seid ihr alle hier?"

„Weil wir Jochen suchen gehen werden."

„Jetzt?"

„Ja, jetzt."

Die Leute nahmen ihre Rucksäcke, ihr Essen und ihre **Taschenlampen**, um Jochen zu suchen.

Sie gingen zusammen aus dem Haus und teilten sich in **Vierer-Gruppen** auf.

Silvia hielt am See an, bevor sie Jochen suchte. Dort dachte sie nach.

Ich verstehe das nicht. Jochen geht nicht gerne alleine. Und er hat große Angst, nachts alleine durch den Wald zu gehen. Warum sind alle Leute hier? Irgendetwas **kommt mir spanisch vor**.

Als sie guckte, wo die Gruppe war, sah sie niemanden.

Wo sind sie? „Hallo? Hört mich jemand?"

Silvia ging bis zum Eingang des Waldes, wo sie Jochen verloren hatte. Sie ging weiter und machte eine **Taschenlampe** an, die sie aus dem Rucksack genommen hatte.

„Wo seid Ihr alle? Ist da jemand?"

Da war niemand. Nicht ihre Familie, nicht ihre Eltern und nicht ihre Freundinnen Claudia und Veronika.

„Ich verstehe das nicht!"

Silvia ging zurück zum Haus am See und setzte sich auf das alte Bett. Sie wartete einige Minuten, aber niemand kam. Plötzlich hörte sie ein Geräusch in der Küche.

Sie stand vom Bett auf und ging langsam zur Küche. Sie versuchte, keinen Lärm zu machen. Sie wollte wissen, was da in der Küche war. Waren es ihre Freundinnen? War es ihre Mutter?

Sie **knipste** die Taschenlampe **an** und sah das Wesen. Das Monster war sehr groß, **hässlich** und sehr **behaart**.

Silvia schrie und rannte aus dem Haus.

„Hilfe! Hilfe!"

Das Wesen rannte schneller und erreichte sie. Sie fiel auf den Boden und **strampelte**. Das Wesen hielt sie an den Beinen fest. Sie konnte sich nicht befreien.

Silvia kämpfte mit ihm, bis das Wesen plötzlich stoppte und aufstand. Es schaute sie an, während sie auf dem Boden lag.

„Wie? Was ist los?"

Silvia war sehr **nervös**. Alle Leute, die vorher im Haus waren, kamen mit **angeknipsten** Taschenlampen aus dem Wald. Aber sie hatten noch etwas in den Händen; einige **Kerzen**.

In diesem **Augenblick** verstand sie alles.

Das Wesen zog das Kostüm aus. Es war ihr Vater.

„Herzlichen Glückwunsch zum Geburtstag, Schatz!"

„Herzlichen Glückwunsch zum Geburtstag", riefen alle.

Silvia wusste nicht, ob sie weinen oder lachen sollte.

„Papa, du warst das Wesen? Warst du es die ganze Zeit?"

„Ja, mein Kind. Die ganze Zeit."

„Und wo ist Jochen?"

Jochen kam aus dem Wald, aber er war weder **schmutzig**, noch hatte er **Wunden**.

„Tut mir leid, Silvia. Wir haben dir einen **Streich** gespielt, aber wir werden dir ein tolles Geschenk machen."

„Was für ein Geschenk?"

Alle standen auf und brachten sie vor das Haus...

„Deine Eltern haben dir das alte Haus gekauft und wir werden es alle zusammen **umbauen**. Es wird unser **Ferienhaus**."

Silvia fing an zu lachen. Die ganze Gruppe **applaudierte** laut. Sie glaubten, dass Silvia sehr **mutig** war.

„Ich hoffe, dass kein Bär in der Nähe ist, wenn wir Ausflüge hierher machen", sagte sie.

Zusammenfassung

Silvia sieht Licht im Haus am See. Sie nähert sich und geht in das Haus. Im Haus ist ihre Familie, ihre Freunde und noch mehr Leute. Sie gehen raus, um Jochen zu suchen, aber sie lassen sie alleine. Sie geht zurück zum Haus, und das Wesen befindet sich in der Küche. Sie kämpft mit dem Wesen; jedoch ist es ihr verkleideter Vater. Es ist ein Spaß und ein Geburtstagsgeschenk. Das Haus am See wird ihr Ferienhaus sein.

Vokabeln

- **der Ast** = branch
- **die Blätter** = leaves; [book] pages
- **sich etwas (dat.) nähern** = to get close to something
- **dämmerig** = twilight
- **<u>um</u>kreisen** = to walk around
- **versammelt** = gathered
- **schließlich** = finally
- **besorgt** = worry
- **das Gesicht** = face
- **herum** = around
- **die Taschenlampe** = torch
- **die Vierer-Gruppe** = Group of four
- **kommt mir spanisch vor** = there is something wrong
- **anknipsen** = switch (on/off)
- **hässlich** = ugly

81

- **behaart** = hairy
- **strampeln** = struggle
- **nervös** = nervous
- **Kerzen** = candles
- **der Augenblick** = moment
- **Herzlichen Glückwunsch zum Geburtstag** = happy birthday
- **schmutzig** = dirty
- **die Wunden** = wounds
- **einen Streich spielen** = to play a prank
- **umbauen** = to rennovate
- **Ferienhaus** = summer house
- **applaudieren** = to applaud
- **mutig** = brave

Fragen im Auswahlverfahren
Wählen Sie nur eine Antwort je Frage

1. Als Silvia zum ersten Mal ins Haus geht, trifft sie:
    a. Jochen
    b. Ihren Vater
    c. Alle Leute versammelt
    d. Das Wesen

2. Sie entschließen sich:
    a. Jochen zu suchen
    b. Jochen auf seinem Handy anzurufen
    c. Ihn im Wald zu suchen
    d. Zum Dorf zu gehen

3. Als Silvia am See bleibt und nachdenkt:
    a. Sieht sie etwas Eigenartiges im See
    b. Trifft sie ihren Vater
    c. Trifft sie das Wesen
    d. Lassen sie sie alleine

4. Als sie zum Haus zurück kommt:
    a. Hört sie ein Geräusch in der Küche
    b. Wird sie auf dem Handy angerufen
    c. Kommen auch Claudia und Veronika ins Haus
    d. Schlafen sie

5. Das Wesen war:
    a. Ihre Mutter
    b. Jochen
    c. Ihr Vater
    d. Ein Bär

Lösungen Kapitel 3

1. c
2. a
3. d
4. a
5. c

3. Der Ritter

Kapitel 1 – Das Gold

Vor langer Zeit existierte ein **Königreich**, voll mit exotischen Menschen, Tieren und fantastischen Wesen. In dieses Königreich spazierte ein **Ritter,** gekleidet in Schwarz und Weiß.

Auf dem **Marktplatz** hielt er an, um Früchte zu kaufen.

„Hallo, mein Herr", sagte der Mann, der Früchte verkaufte.

„Hallo."

„Wünschen Sie Früchte?"

„Ja, bitte."

Der **Verkäufer** gab dem Ritter einige Äpfel und er ging auf dem Marktplatz weiter. Der Platz war ein großer Ort, mit viel Licht, vielen Menschen und verschiedenen Produkten, die **zum Kauf standen**. Der Ritter ging zu einem anderen Mann, der noch mehr **Dinge** verkaufte. Er stellte ihm verschiedene Fragen:

„Hallo, freundlicher **Händler**."

„Schönen Gruß, mein Herr."

„Haben Sie einen **Zaubertrank**?"

„Welche Art von Zaubertrank?"

„Einen Zaubertrank für **Kraft**."

Der Händler suchte in seinen **Taschen** und sagte zum Ritter:

„Tut mir leid. Jetzt nicht, aber ich kann ihn **zubereiten**."

„Wie viel Zeit brauchen Sie, um zwei Zaubertränke für Kraft zuzubereiten?"

„Zur **Essenszeit** werden Sie sie hier haben."

„Danke, freundlicher Händler."

Der Ritter ging über den Platz und die Menschen schauten ihn an. Er war ein unbekannter Ritter, niemand kannte ihn, aber er war **berühmt**. Er kämpfte gegen viele **Ungeheuer** und merkwürdige Wesen. Er reiste von Reich zu Reich und kämpfte gegen die **Feinde** der Könige.

Er kam zum Eingang des Schlosses, und dort hielten ihn die Wächter auf.

„Wer bist du, seltsamer Mann?", sagte einer der Wächter zu ihm.

„Ich heiße Lars. Ich will den König von diesem Reich sehen."

„Ich fürchte, du kannst den König nicht sehen. Er ist beschäftigt."

Lars **trat** einige Schritte **zurück** und stellte seinen Rucksack auf den Boden. Der Rucksack enthielt sonderbare Dinge und **Pergamente**. Der Ritter zog ein altes Pergament aus dem Rucksack und gab es dem Wächter.

„Ich habe eine **Einladung,** um den König zu sehen.", sagte Lars.

Der Wächter sah auf das Pergament. Das Pergament schien **offiziell**, es hatte eine **Unterschrift**.

„Na gut", sagte der Wächter zu ihm, „Du kannst durch."

„Danke."

Der Ritter ging durch das große **Steintor** und **überquerte** die **Brücke** zum Schloss. Das Schloss war groß, hoch und hatte hohe **Mauern**. Lars kam zur zweiten Tür. Dort ließen ihn die Wächter durch, und **er trat in den Saal des Schlosses ein**.

Der Saal war sehr groß und mit vielen Ornamenten **verziert**. Es gab viele Wächter, die ihn **misstrauisch** ansahen. Sie wussten nicht, was Lars dort tat. König Andur kam die **Treppe herunter**. Er war vollständig in Rot gekleidet und trug eine **Krone** aus Gold.

„Du bist Lars?", fragte ihn König Andur.

„Ja, ich bin Lars."

„Was machst du hier in meinem Schloss?"

„Ich kam, um mit Ihnen zu reden."

„Komm in mein **Gemach**."

In den Gemächern des Königs saßen Lars und der König Andur auf zwei verschiedenen Stühlen. Lars trank den Wein, den ihm der König gab.

„Danke für den Wein, mein Herr", sagte er.

„Jetzt sag mir, Ritter. Was willst du?"

„Ich habe gehört, dass Sie Hilfe brauchen."

„Und, was genau hast du gehört?"

„Sie brauchen jemanden, der eine Fracht Gold ins Königreich ihres Bruders bringt, aber dass Sie niemandem **vertrauen,** dies zu tun."

Der König dachte einige Minuten lang über Lars' Vorschlag nach.

„Warum sollte ich dir vertrauen, Ritter?"

„Die Menschen vertrauen mir seit langer Zeit. Niemals habe ich jemanden betrogen."

„Es ist viel Gold."

„Ja, es ist viel Gold. Aber ich will nicht noch mehr Gold. Ich habe schon viel. Ich habe viele Abenteuer erlebt und habe **genügend**."

„Dann sag mir, warum willst du mit den **Abenteuern** weiter machen?"

„Ich mache weiter, weil es mein Leben ist. Ich reise gern und liebe es die Welt zu erforschen."

Einige Minuten später entschied sich König Andur:

„Na gut, Lars. Geh die Treppe hinunter und sag den Wächtern, dass du die Fracht Gold ins Königreich meines Bruders bringst."

„Danke, König Andur."

„Bedanke dich noch nicht bei mir. Erst wenn ich Nachrichten von meinem Bruder erhalte, wird alles gut sein."

Der Ritter ging die Treppe hinunter und sprach mit den Wächtern. Die Wächter sagten:

„Lars! Hier bist du! Wir haben gehört, dass du die Fracht Gold beförderst."

„Ja, ich werde das Gold in das Königreich des Bruders bringen."

„Verstanden. Wir werden dir helfen. Ich werde die anderen beiden Wächter rufen."

Kurz darauf machten sich drei Wächter mit **Schwertern** und **Schildern** gemeinsam mit dem Ritter auf den Weg.

Der nördliche Weg führte direkt ins Reich des Bruders von König Andur. Die **Pferde** warteten dort mit der Fracht darauf, die Reise anzutreten.

Der Ritter sagte:

„Entschuldigen Sie einen Moment. Ich muss zum Marktplatz."

Der Ritter sprach nochmals mit dem freundlichen Händler.

„Seid gegrüßt. Haben Sie meine Zaubertränke?"

„Ja, hier sind sie!"

Der Händler gab ihm die Zaubertränke in die Hand und sagte zu ihm:

„Sie kosten 3 **Goldstücke**."

Der Ritter gab ihm 3 Goldstücke.

„Danke, freundlicher Händler. Haben Sie einen schönen Tag."

„Sie auch! Gute Reise!"

Lars ging zurück zur Fracht, wo die drei Wächter warteten. Die Pferde hatten gefressen und alles war bereit.

Einer der Wächter, der Alfred hieß, sagte zu ihm:

„Bist du bereit, Lars?"

„Ja, jetzt ist alles bereit. Wir können die Reise beginnen."

„Bevor wir anfangen, muss ich dir sagen, dass wir die besten Wächter des Königs sind. **Wir lösen jedes Problem**, das es auf dem Weg geben wird. Wenn du versuchst, das Gold zu **stehlen**, töten wir dich."

„Oh!" sagte Lars. „Welche Freundlichkeit!"

„Es ist keine **Drohung**, Ritter. Es ist nur eine **Warnung**."

„Na gut, los jetzt."

Die Ritter liefen los. Die Goldtaschen waren im hinteren Teil der Wagen. Lars lächelte, als die Gruppe **den Waldweg betrat**.

Anhang zu Kapitel 1

Zusammenfassung

Der Ritter reist ins Reich des König Andur. Dort kauft er zwei Zaubertränke und geht zum Schloss. Er spricht mit dem König, weil er die Goldfracht ins Königreich des Bruders vom König bringen will. Drei Wächter des Königs reisen mit ihm und die Reise beginnt, sobald sie das Schloss verlassen.

Vokabeln

- **das Königreich** = kingdom
- **der Ritter** = knight
- **der Platz, der Marktplatz** = square, marketplace
- **der Verkäufer** = shop assistant
- **zum Kauf stehen** = to be for sale
- **die Dinge** = things
- **der Händler** = dealer
- **der Zaubertrank** = potion
- **die Kraft** = power
- **die Taschen** = bags; pockets
- **zubereiten** = prepare
- **die Essenszeit** = lunch time
- **berühmt** = famous
- **die Ungeheuer** = monsters
- **der Feind** = enemy
- **das Schloss** = castle
- **die Wächter** = guards
- **sie hielten ihn auf (jemanden aufhalten)** = they stopped him

- **ich fürchte** = I'm afraid...
- **zurücktreten** = to step back
- **das Pergament** = scroll
- **die Einladung** = invitation
- **offiziell** = official
- **die Unterschrift** = signature
- **das Steintor** = stone gate
- **überqueren** = to cross
- **die Brücke** = bridge
- **die Mauer** = wall
- **eintreten** = to enter
- **der Saal** = hall
- **verziert** = decorated
- **misstrauisch** = suspiciously
- **die Treppe herunterkommen** = to come down the stairs
- **die Krone** = crown
- **das Gemach** = chamber
- **vertrauen** = trust
- **genügend** = enough
- **das Abenteuer** = adventure
- **bedanke dich noch nicht bei mir** = don't thank me yet
- **Nachrichten erhalten** = to hear news
- **das Schwert** = sword
- **das Schild** = shield
- **die Pferde** = horses
- **Die Goldstücke** = gold pieces
- **ein Problem lösen** = to solve a problem
- **stehlen** = steal
- **die Drohung** = threat
- **die Warnung** = warning
- **den Weg betreten** = to set out on the road

Fragen im Auswahlverfahren
Wählen Sie nur eine Antwort je Frage aus

1. Der Ritter ist mit den folgenden Farben bekleidet:
   a. Schwarz und Rot
   b. Schwarz und Weiß
   c. Schwarz und Blau
   d. Weiß und Rot

2. Der Ritter kauft:
   a. Einen Zaubertrank für Kraft
   b. Zwei Zaubertränke für Kraft
   c. Einen Zaubertrank aus Äpfeln
   d. Zwei Zaubertränke aus Äpfeln

3. Am Eingang des Schlosses, Lars:
   a. Spricht mit dem König
   b. Spricht mit dem freundlichen Händler
   c. Spricht mit dem Bruder des Königs
   d. Spricht mit den Wächtern

4. Die Fracht der Reise:
   a. Sind Äpfel
   b. Sind Zaubertränke
   c. Ist Gold
   d. Sind Wächter

5. Die Reise geht:
   a. In ein unbekanntes Reich
   b. In das Königreich des Bruders von Andur
   c. In den Wald des Königreiches
   d. Zum Marktplatz des Königreiches

1. b
2. b
3. d
4. c
5. b

Kapitel 2 – Der Wald

Der Ritter **setzte die Reise mit den drei Wächtern fort**. Die Goldfracht war bei ihnen. Die Pferde auch.

Alfred, **einer der** Wächter, sagte:

„Lars, weißt du, was auf diesem Weg ist?"

„Ja, Alfred. Dies ist kein ruhiger Weg. Es gibt viele **Gefahren**. Wir werden versuchen, nicht gegen die **gefährlichsten** Kreaturen zu kämpfen."

„Kannst du **kämpfen**, Lars?"

„Wie du weißt, bin ich **berühmt** für meine Missionen. Ich kann sehr gut kämpfen."

„Das beruhigt mich sehr. Gehen wir!"

Der Ritter Lars und die drei Wächter überquerten eine große Brücke aus Stein. Sie war der Brücke des Schlosses von König Andur sehr **ähnlich**.

„Alfred", sagte Lars „diese Brücke sieht so ähnlich aus wie die Brücke vom Schloss."

„Ja, Lars. Wir haben sie vor langer Zeit gebaut."

„Ihr?"

„Nicht wir, die **Leute** aus dem Königreich, vor vielen Jahren".

Nachdem sie die Brücke aus Stein überquert hatten, war dort ein großer Wald. Der Wald hatte viele Bäume, aber er war sehr **still**. Es gab keine Tiere und man hörte nichts.

„Warum ist der Wald so still?", fragte Alfred.

„Wir gehen gerade in den 'Stillen Wald' hinein. Hier gibt es keine Tiere."

„Warum nicht?"

„Vor langer Zeit gab es eine große **Schlacht** zwischen den beiden Königsbrüdern."

Alfred wusste dies nicht. Er dachte, dass sein König Andur und dessen Bruder **sich gegenseitig vertrauen** würden.

„Bist du überrascht, Alfred?", fragte Lars.

„Ja", antwortete er.

„Warum?"

„Ich dachte, dass die Königsbrüder niemals gekämpft haben."

„Doch, sie **kämpften** vor vielen Jahren."

'Der Stille Wald' war sehr dunkel und man sah kaum das Sonnenlicht. Die Bäume waren sehr hoch, und sie hatten große **Äste**.

„Weißt du, wo es lang geht, Ritter?", fragte Alfred.

„Ja, der Wald ist sehr **dunkel**, aber ich weiß, wolang wir gehen müssen."

„Warst du schon einmal hier?"

Der Ritter Lars lächelte und sagte:

„Ja, ich war schon hier."

„Wann?"

„Vor vielen Jahren."

Lars erinnerte sich an jene Jahre, als König Andur gegen seinen Bruder kämpfte. Eine der größten Schlachten fand in diesem Wald statt. Vor der Schlacht hieß er „der Wald der Tiere". Nach der großen Schlacht hieß er, 'der Stille Wald'.

Lars sagte:

„Als ich jung war **kämpfte ich für** König Andur. Es war eine große Schlacht."

„Warum fand diese Schlacht statt?"

„König Andur begann die Schlacht."

„Und warum wollte er gegen seinen Bruder kämpfen?"

„König Andur wollte eine **Quelle**, die sich im Wald befand."

Sie gingen einige Minuten, ohne etwas zu sagen. Alfred dachte nach. Er wollte mehr über die Schlacht wissen. Er wollte wissen, was vor Jahren **geschah**. Er dachte, dass König Andur ein **friedlicher** König sei, der gegen niemanden kämpfte.

„Kann ich dich noch etwas fragen, Ritter?"

„Ja, was du willst."

„Was ist die Quelle?"

„Warte, du wirst es sehen."

Lars und Alfred **schwiegen** eine Stunde lang. Man konnte das Sonnenlicht immer noch nicht sehen. Man sah nur Bäume, viel Stille und sonst nichts. Schließlich kamen sie an einen See.

„Wir sind am See angekommen", sagte der Ritter.

„Was ist das für ein See?"

„Vor vielen Jahren war dieser See eine Quelle**.**"

„Die Quelle, von der du vorher sprachst?"

„Ja."

Die drei Wächter und der Ritter näherten sich dem See. Lars sagte:

„Vor langer Zeit war das nur eine Quelle. Es war wenig Wasser, nicht so viel. Und das Wasser war magisch. Das Wasser zu trinken, **verlieh Kräfte.**

„Welche Art von Kräften?"

„Diejenige Person, die das Wasser trank, **verwandelte** sich in eine **mächtige** Person."

Alfred nahm ein wenig Wasser in seine Hand und trank.

„Scheint normales Wasser zu sein."

„Klar", sagte Lars, „Jetzt ist es normales Wasser. Vor Jahren war es magisch."

Alfred trocknete seine Hände und sagte:

„Und was geschah, als das Wasser magisch war?"

„Die Königsbrüder kämpften um das wenige magische Wasser, das es gab. Sie nahmen all das Wasser, das noch da war, und ihre Soldaten tranken es. Es **blieb nur noch wenig übrig**.“

„Und wo ist dieses wenige Wasser?“

„Es ist verloren gegangen. Nur ein paar Kaufmänner haben noch ein wenig magisches Wasser. Lass uns aus diesem Wald herausgehen.“

Die Gruppe und die Pferde folgten dem Weg. Als sie aus dem Wald kamen sahen sie die Sonne. Die Bäume waren jetzt nicht mehr so hoch und man sah mehr **Landschaft**.

„Jetzt sind wir aus dem 'Stillen Wald' heraus“, sagte Lars.

„Wo sind wir?“

„Wir sind fast angekommen. **Wir haben Glück gehabt.** Wir haben kein Ungeheuer gesehen.“

Alfred zog ein ängstliches **Gesicht**.

„Im Wald gibt es Ungeheuer?“

Lars lachte.

„Ja, viele. Aber wir sind am Tag gereist. Am Tag gibt es nicht viele Ungeheuer. In der **Nacht** gibt es mehr.“

„Warum hast du das nicht früher gesagt?“

„Ich wollte euch nicht beunruhigen.“

„Na gut, lass uns gehen.“

Die Gruppe ging weiter den Weg entlang. Weit entfernt sahen sie eine Stadt. Diese Stadt schien das

Königreich des Bruders von König Andur zu sein. Die Wächter waren niemals vorher dort.

„Das ist das Königreich?", fragte Alfred.

„Ja, dies ist das Königreich. Dort müssen wir das Gold abgeben."

„Es gibt eine Sache, die ich dich nicht gefragt habe, Ritter."

„Sprich!"

„Wofür ist dieses Gold?"

„König Andur **verlor** die Schlacht im 'Stillen Wald'. Seitdem muss er seinem Bruder jedes Jahr eine **Menge** Gold zahlen."

„Warum muss er seinen Bruder mit Gold bezahlen? Es ist doch **Frieden**?"

„Es ist Frieden. Aber sein Bruder hat etwas, was König Andur nicht hat."

„Was ist es?"

„Das magische Wasser. Und ich habe hier zwei Zaubertränke, **hergestellt** mit diesem Wasser."

Lars nahm die Zaubertränke, die er vor der Mission vom Händler gekauft hatte, heraus und zeigte sie den Wächtern.

Anhang zu Kapitel 2

Zusammenfassung

Der Ritter und die Wächter des König Andur verlassen das Königreich. Auf dem Weg erzählt Ritter Lars ihnen eine Geschichte. König Andur kämpfte in einer großen Schlacht gegen seinen Bruder. Die Schlacht geschah im 'Stillen Wald'. Sein Bruder gewann den Krieg, und jetzt hat er das magische Wasser. Es verleiht demjenigen viel Kraft, der es trinkt.

Vokabeln

- **Der Wald** = forest
- **die Reise <u>fort</u>setzen** = to set off on the journey
- **Einer der** = one of the
- **Die Gefahr** = danger
- **gefährlich** = dangerous
- **kämpfen** = fight
- **berühmt** = famous
- **ähnlich** = similar
- **die Leute** = people
- **still** = quiet
- **die Schlacht** = battle
- **sich gegenseitig vertrauen** = to trust each other
- **kämpften** = fought
- **die Äste** = branches
- **dunkel** = dark
- **kämpfte ich** = I fought for...
- **die Quelle** = spring
- **geschah (geschehen)** = happened
- **friedlich** = peaceful

- **schweigen** = to be quiet
- **verlieh (verleihen)** = gave, vest
- **die Kräfte** = powers
- **in etwas verwandeln** = to turn into something
- **mächtige** = powerful
- **übrigbleiben** = to remain
- **die Landschaft** = landscape
- **wir haben Glück gehabt** = we were lucky
- **ein Gesicht ziehen** = to pull a face
- **die Nacht** = night
- **euch nicht beunruhigen** = worry you
- **verlor** = lost
- **jedes Jahr eine Menge Gold zahlen** = pay an amount of money each year
- **der Frieden** = peace
- **hergestellt** = made, produced

Fragen im Auswahlverfahren

Wählen Sie nur eine Antwort je Frage aus

6. Der Ritter Lars:
   a. Kennt den Weg
   b. Kennt den Weg nicht

7. In der Gruppe reisen:
   a. Drei Wächter und Lars
   b. Zwei Wächter und Lars
   c. Ein Wächter und Lars
   d. Nur Lars

8. In dem "Stillen Wald":
   a. Geschah nichts
   b. Geschah ein Krieg zwischen den beiden Brüdern
   c. Geschah ein unbekannter Krieg

9. Die Quelle des "Stillen Waldes":
   a. Existiert noch
   b. Hat nie existiert
   c. Ist jetzt ein See

10. Nachdem sie aus dem "Stillen Wald" kommen:
    a. Kommt ein anderer Wald
    b. Kommt ein Meer
    c. Gehen sie zurück ins Königreich des König Andur
    d. Sehen sie das Königreich des Bruders

6. a
7. a
8. b
9. c
10. d

Kapitel 3 – Das Geheimnis

Der Ritter steckte die Zaubertränke wieder ein.

Alfred sagte:

„Wir betreten das Königreich Arthurens."

„Ja, Alfred. Das ist das Königsreich des Bruders von König Andur."

„Wie werden wir hineingehen?"

„Durch den Haupteingang."

Die Pferde folgten dem Weg und gingen einen **wunderschönen Abhang** hinunter, der voller Gras, **Frühlingsbäume** und **Bäche** war. Sie sahen viele **Bauern,** während sie auf dem Weg reisten.

Die Bauern lebten **außerhalb der Mauern** des Königsreichs. Sie **bearbeiteten** die **Felder** und **holten** die **Ernte ein**, um die Leute, die innerhalb der Mauern des Königsreichs lebten, zu **ernähren**.

Einer der Bauern hielt an, als er die Gruppe sah. Er ging zu ihnen.

„Hallo, mein Herr."

„Hallo, nobler Bauer", antwortete ihm Ritter Lars.

„Wohin gehst du?"

„Ich gehe in das Königreich."

Die Frau des Bauern kam hinzu.

„Wer sind diese Männer?", fragte sie ihren Mann.

Ihr Mann antwortete nicht, da er die Antwort nicht kannte. Also fragte sie Lars **direkt**:

„Wer seid ihr? Ich sehe, dass die Pferde eine Fracht tragen."

„Wir kommen in einer Mission des König Andur."

Die Bauern schwiegen ein paar Sekunden. Danach sprach der Mann:

„Ich hoffe, es passiert nichts **Ernstes**."

„**Keine Sorge**", antwortete Lars lächelnd, „es ist alles in Ordnung."

„Das freut mich. So, dann weiter."

Die Gruppe reiste weiter an den Feldern der Bauern entlang und Alfred sagte zum Ritter:

„Es schien, als hätten sie **Angst** oder wären **besorgt**."

„Und das waren sie."

„Weshalb?"

„Weil es **ein Geheimnis** gibt, das König Andur nicht kennt. Das kennen nur die Leute dieses Königreichs."

„Was ist es? Gibt es irgendeine Gefahr?"

Lars sagte nichts, und sie folgten dem Weg, bis sie eine Steinbrücke, ähnlich der Brücke von König Andur, sahen.

Es waren zwei Wächter auf der Brücke. Einer von ihnen näherte sich und fragte Alfred:

„Kommen Sie **im Auftrag** von König Andur?"

„Ja, dieser Ritter hat uns auf dem Weg **beschützt**, und die anderen beiden Wächter kommen mit uns."

„Na gut. Ist das die **jährliche** Fracht?"

„Genau. Es ist die jährliche Fracht."

Der Wächter von Arthuren machte eine **Geste,** damit die Tür geöffnet werde. Der andere Wächter öffnete die Tür und sie traten ein.

Sie betraten den Platz. Da waren viele Leute. Viele Kaufleute und viele Bauern, die vom Arbeiten kamen. Viele Wächter.

Sie gingen über den Platz, und Alfred **wunderte** sich:

„Dieser Ort **kommt mir bekannt vor.** Er ist dem Platz von König Andur sehr ähnlich."

„Ja, er ist fast identisch."

Alfred sprach mit den **Einwohnern**, den Kaufleuten, Bauern und Wächtern und sagte zu Lars:

Alle Leute scheinen hier sehr freundlich zu sein.

„Vor langer Zeit waren die beiden Königreiche vereint.", sagte Lars.

Die Fracht kam mit den Pferden durch das Schlosstor. Das Schloss war dem Schloss von König Andur ebenfalls sehr ähnlich. Die Wächter aus Arthuren brachten die Pferde an eine andere Stelle, um das Gold **abzuladen**. Lars und Alfred gingen zum König. Der König sagte zu ihnen:

„Willkommen in meinem Königreich!"

„Seid gegrüßt, Majestät."

„Du bist es, Lars! Ich freue mich, dich zu sehen!"

„Ich freue mich auch, Sie zu sehen."

Alfred verstand nichts. Warum kannten sie sich?

„Hast du das ganze Gold gebracht, Lars?"

„Ja, jetzt ist es Euer."

„Exzellent! Wir können mit unserem Plan beginnen."

Alfred erschrak. Welcher Plan?

Lars zog seine beiden Zaubertränke für Kraft heraus, die er vor der Mission bei dem Händler auf dem Platz gekauft hatte.

„Was geht hier vor?", fragte Alfred.

„Wir müssen dir etwas erzählen, Alfred."

„Was ist los?"

Alfred ging erschrocken einige Schritte zurück. Woher kannten sich der König und der Ritter Lars? Warum holte Lars die Zaubertränke heraus? Hatte das Königsreich Arthuren nicht das magische Wasser, um ihn herzustellen?

Lars ging zu Alfred:

„Alfred", sagte er, „das magische Wasser aus diesem Königreich **ist** schon lange **alle.**"

„Und König Andur weiß das?"

„Nein, er weiß es nicht."

„Und, warum gibst du dem König die beiden Zaubertränke für Kraft?"

„Das sind die letzten Zaubertränke für Kraft, die letzten, die mit dem magischen Wasser hergestellt wurden."

„Und, was machst du mit ihnen?"

„Wir werden viel mehr herstellen."

Alfred fühlte sich betrogen.

„Du hast mich belogen!", sagte er.

„Ich habe dich nicht betrogen, ...sondern ich habe dich belogen, **um Frieden zu bewahren**."

„Wie werden die Königsbrüder Frieden haben? Niemand kennt das Geheimnis, dass es kein magisches Wasser mehr gibt. Aber eine, dem König Andur **nahestehende** Person, könnte es wissen."

Der Ritter Lars lächelte nicht.

„Alfred, wenn König Andur weiß, dass es kein magisches Wasser mehr gibt, wird der Frieden gebrochen. König Andur greift Arthuren an und **alles ist vorbei**."

„Deshalb stellst du mehr Zaubertränke her."

„Ja, nur um den Frieden zu bewahren."

Alfred war nicht einverstanden.

„Und jedes Jahr zahlt mein Königreich weiterhin Gold, ...aus Angst?"

Lars sagte zu ihm:

„Das kann ich nicht **kontrollieren**, Alfred."

„Tut mir leid", antwortete Alfred, „Ihre Majestät, Lars, ich muss gehen."

Als Alfred gerade dabei war, das Königreich zu verlassen, **eilte** Lars zum letzten Mal zu ihm:

„**Verrate** deinem König Andur **das Geheimnis**."

„Warum?"

„Weil der Händler, der mir die letzten beiden Zaubertränke verkaufte, für ihn arbeitet. Sein Königreich hat auch magisches Wasser."

„Wird es einen Krieg geben?"

„Das wissen wir nicht, aber wir werden unser Bestes tun, damit kein Krieg ausbricht. Aber geh jetzt und sag es ihm."

„Bis dass wir uns wiedersehen, Ritter."

Anhang zu Kapitel 3

Zusammenfassung

Die Gruppe reist auf dem Weg, sie reden mit einigen Bauern, die Felder bearbeiten und erreichen den Platz. Der Platz des Königreichs Arthuren ist so ähnlich wie der Platz des Reiches von König Andur. Sie reden mit dem König von Arthuren, und Ritter Lars gibt ihm die letzten Zaubertränke für Kraft. Es gab ein Geheimnis: Arthuren hatte kein magisches Wasser mehr. Am Ende, falls König Andur von dem Geheimnis erfährt, könnte ein Krieg ausbrechen.

Vokabeln

- **Der Haupteingang** = main door
- **der Abhang** = hillside
- **wunderschön** = precious
- **der Frühling** = spring
- **die Bäche** = stream
- **die Bauern** = farmers
- **außerhalb der Mauern** = outside the walls
- **bearbeiten** = cultivate
- **das Feld** = fields
- **einholen** = to bring in
- **die Ernte** = harvest
- **ernähren** = to feed, nourish
- **direkt** = directly
- **ernst** = serious, grave
- **keine Sorge** = no worry
- **es scheint** = it seems
- **die Angst** = fear

111

- **besorgt** = worried
- **weshalb?** = why?
- **das Geheimnis** = secret
- **im Auftrag** = on behalf of
- **beschützen** = to protect
- **jährlich** = yearly
- **die Geste** = gesture
- **wunderte sich** = he wondered
- **kommt mir bekannt vor** = seems familiar...
- **die Einwohner** = habitants
- **vereint** = united
- **abladen** = unload
- **es ist alle** = it's finished
- **wir werden es herstellen** = we're going to produce, manufacture
- **er fühlte sich betrogen** = he felt betrayed
- **du hast mich belogen** = you've lied to me
- **um Frieden zu bewahren** = to maintain peace
- **nahestehend** = close relative
- **Alles ist vorbei** = everything is over
- **kontrolliere** = control
- **eilte zu ihm** = rushed to him
- **ein Geheimnis verraten** = to tell a secret
- **bis dass wir uns wiedersehen** = until we meet again

Fragen im Auswahlverfahren
Wählen Sie nur eine Antwort je Frage aus

11. Die erste Person, die im Königreich mit ihnen spricht, ist:
    a. Der König
    b. Die Königin
    c. Ein Bauer
    d. Eine Bäuerin

12. Der Platz vom Königreich Arthuren:
    a. Ähnelt nicht dem des König Andur
    b. Ähnelt dem des König Andur
    c. Wird nicht von ihnen besucht

13. Lars und der König von Arthuren:
    a. Kämpfen
    b. Kennen sich nicht
    c. Kennen sich

14. Lars nimmt:
    a. Ein Schwert heraus
    b. einen Zaubertrank der Kraft heraus
    c. zwei Zaubertränke der Kraft heraus
    d. Alle vorherigen sind richtig

15. Das Geheimnis war:
    a. Das Königreich Arthuren hat kein magisches Wasser mehr
    b. Der König Andur wird das Königreich Arthuren angreifen
    c. Lars ist der König von Arthuren
    d. Das Gold ist falsch

11. c
12. b
13. c
14. c
15. a

4. Die Uhr

Kapitel 1 – Die Legende

Karl war **Uhrmacher**. Er war ein Mann, der viele Stunden arbeitete. Er **besaß** seine **eigene Werkstatt** in Buenos Aires, Argentinien. Er arbeitete Tag und Nacht. Er reparierte Uhren, **kreierte** seine eigenen Uhren und **erledigte** auch andere spezielle **Aufträge**.

Er war ein Mann mittleren Alters und er war nicht **verheiratet**. Seine Eltern lebten in Deutschland. Er lebte alleine in einem kleinen Haus in einer Straße von Buenos Aires. Der Mann war dünn und groß, aber sehr stark.

Karl ging gern an den Stränden von Buenos Aires spazieren. Er arbeitete oft nachts, und um **sich zu erholen**, ging er spazieren. Er verließ die **Werkstatt** und lief einige Minuten, um sich **die Beine zu vertreten.**

Eine Nacht, als er spazieren ging, traf er eine alte Freundin. Sie hieß Susanne.

„Karl! Wie geht's?"

„Hallo, Susanne. Was machst du zu dieser Zeit am Strand?"

„Ich gehe spazieren, genau wie du."

„Ich sehe schon."

Karl und Susanne liefen **eine Weile** und sprachen über viele Dinge. Sie sprachen über ihre Arbeit, die Familie, ihr Land und vieles mehr.

Susanne sagte zu ihm:

„Wie geht es dir mit deiner Arbeit? Arbeitest du viel?"

„Ja, ich habe viel Arbeit und meine **Kunden** sind **zufrieden mit mir**."

„Das freut mich, Karl."

Susanne arbeitete im Hafen in der **Nachtschicht**. Sie **überwachte die Boote,** die im **Hafen** einliefen und ausliefen.

„Karl, ich habe etwas gefunden!"

„Was hast du gefunden, Susanne?"

Susanne zog eine alte Uhr aus der Tasche. Sie schien sehr antik und sehr alt zu sein.

„Kannst du mir sagen, was das für eine Uhr ist?"

„Lass mich mal sehen."

Karl nahm sie in die Hand und **betrachtete sie sorgfältig.**

„Ich habe keine Ahnung", sagte er schließlich.

Susanne wunderte sich.

„Du weißt nicht, was das ist?"

„Naja. Ich weiß, dass es eine Uhr ist, aber sie ist sehr antik. Musst du jetzt arbeiten, Susanne?"

„Nein, ich arbeite **erst in einer Stunde**."

„Lass uns in meine Werkstatt gehen. Ich habe Bücher, die uns helfen können."

Karl und Susanne gingen in seine Werkstatt. Die Werkstatttür war sehr alt und sehr schmutzig. In der Werkstatt gab es viele Apparate, Uhren, Mechanismen und verschiedene Teile. Es war seine Arbeit. Susanne war noch nie in seiner Werkstatt.

„Wow!", sagte sie, „Du hast viele Dinge hier."

„Ja, ich habe viel Arbeit, und mir gefällt, was ich tue."

„Das ist gut!"

Karl **forderte** Susanne **auf, ihn** in ein Zimmer zu **begleiten**. In diesem Zimmer waren viele Bücher. Die Bücher waren sehr groß und alt. Von vielen dieser Bücher war der Titel nicht mehr **lesbar**.

„Was machen wir hier?" fragte sie.

„Wir werden nach Informationen suchen."

„Was für Informationen?"

„Ich muss wissen, was das für eine Uhr ist."

Niemals hatte er so etwas gesehen.

Karl und Susanne suchten einige Minuten nach Informationen in den Büchern. Sie fand etwas in einem Buch, das von der Karibik und von Piraten erzählte.

„Ich habe etwas gefunden!" sagte sie.

Karl schloss sein Buch und ging zu Susanne.

„Was ist es, Susanne?"

„Ein Piratenbuch."

Karl **wunderte sich** sehr. Ein Piratenbuch? Warum erzählt ein Piratenbuch von Uhren? **Das macht keinen Sinn**.

Susanne sagte:

„Dieses Buch erzählt von Piraten und der Karibik. Es erzählt von der **Epoche**, als Spanien gegen die Piraten im karibischem Meer kämpfte."

„Ich verstehe immer noch nichts. Warum von Piraten?"

„Hör zu."

Susanne las weiter.

„Dieses Buch sagt, dass ein berühmter Pirat existierte. Sein Name war ‚Erik die Krake'. Seine Uhr war eine ganz spezielle Uhr. Sie hatte **seltsame Kräfte.**"

„Was für seltsame Kräfte?"

„Er sagte, dass er mit dieser Uhr **in der Zeit reisen** konnte. Es ist eine Legende."

Karl lachte laut:

„Ein Pirat, der mit einer Uhr in der Zeit reisen konnte? Was für ein **Quatsch!**"

Gerade als Karl sagte, dass das Quatsch sei, hörten sie ein Geräusch, das aus der Werkstatt kam, wo er Uhren reparierte.

„Was war das, Susanne?"

„Keine Ahnung! Lass uns nachsehen!"

Sie gingen zur Werkstatt und die Uhr des Piraten war nicht mehr dort. Sie war verschwunden. Die Tür stand offen. Man hörte Schritte, die sich entfernten.

„Man hat uns die Uhr gestohlen!", sagte Karl.

„Siehst du, Karl? Diese Uhr hat etwas Spezielles. Es ist keine gewöhnliche Uhr."

„Verfolgen wir ihn!"

Karl und Susanne rannten aus der Werkstatt und zum Strand zurück. Es waren **Spuren** im Sand. Die Spuren waren groß und tief, wie die eines sehr **kräftigen** Mannes.

„Guck mal! Da ist er!"

Karl **rannte** dem Mann **hinterher**, der die Uhr gestohlen hatte und schrie:

„Hey! Stopp! Bleib sofort stehen!"

Der kräftige Mann hörte nicht auf die Warnung und rannte weiter. Karl schrie noch lauter:

„Stopp! Bitte, bleib stehen!"

Der Mann rannte einfach weiter. Also rannte Karl **noch schneller** und holte ihn ein. Er **schubste** den Mann und **er fiel** in den Sand. Der Mann schrie und **schimpfte**.

„Lass mich los! Ich habe dir nichts getan! Das ist meine Uhr!"

An dem Mann war irgendetwas seltsam. Er sah nicht wie ein moderner Mann aus, nicht einmal wie ein alter Mann, der alte Kleider trug.

Karl und Susanne **starrten ihn an**, während er vom Strand aufstand. Der kräftige Mann schüttelte den Sand ab. Er hatte die **Uhr** in der rechten Hand und schaute sie **misstrauisch** an.

„Was wollt ihr? Warum schaut ihr mich so an?"

Der kräftige Mann sprach mit einem seltsamen Akzent. Karl sagte zu ihm:

„Du hast meine Uhr gestohlen. Du bist in meine Werkstatt gekommen und hast sie **ohne meine Erlaubnis** genommen."

„Nein", sagte der kräftige Mann, „Du hast sie mir gestohlen. Ich habe sie nur **zurückerobert**! Es ist meine!"

Karl und Susanne guckten sich an.

Susanne fragte den kräftigen Mann:

„Wer bist Du?"

„Ich bin 'Erik die Krake'. **Ich muss zurück** ins 17.Jahrhundert."

Zusammenfassung

Karl war Uhrmacher. Er arbeitete sehr viel. Um sich zu erholen, ging er am Strand spazieren. In einer Nacht, als er mit Susanne spazieren ging, fand sie eine Uhr. Die Legende sagt, dass die Uhr seltsame Kräfte hat und man mit ihr in der Zeit reisen kann. Die Uhr wird von einem seltsamen Mann gestohlen. Der seltsame Mann ist der Pirat "Erik die Krake".

Vokabeln

- **Der Uhrmacher** = watchmaker
- **er besaß (besitzen)** = he owned
- **seine eigene Werkstatt** = his own workshop
- **kreieren** = create
- **erledigen** = to carry out
- **Aufträge** = orders
- **verheiratet** = married
- **sich erholen** = to relax, to rest
- **die Werkstatt** = workshop
- **die Beine vertreten** = stretch his legs
- **eine Weile** = for a while
- **die Kunden** = customers
- **zufrieden mit mir** = happy/content with me
- **die Nachtschicht** = nightshift
- **der Hafen** = port
- **überwachen** = to guard
- **die Boote** = boats

- **lass mich mal sehen** = let me have a look
- **to sorgfältig betrachten** = to examine something carefully
- **erst in einer Stunde** = within the hour
- **auffordern** = to invite
- **jemanden begleiten** = to accompany somebody
- **lesbar** = legible
- **niemals hatte er so etwas gesehen** = he had never seen anything like this
- **ich habe etwas gefunden** = I've found something
- **das Piratenbuch** = book about pirates
- **sich wundern** = to be astonished
- **das macht keinen Sinn** = it makes no sense
- **die Epoche** = era, age
- **kämpften** = fought
- **die seltsamen Kräfte** = strange powers
- **in der Zeit reisen** = travel in time
- **der Quatsch** = nonsense
- **verfolgen wir ihn** = go after him!
- **Spuren** = traces, tracks
- **kräftig** = strong
- **hinterher rennen** = run after someone
- **bleib stehen!** = stay where you are!
- **noch schneller** = even faster
- **schubsen** = push
- **fiel** (fallen) = fell
- **schimpfen** = to swear
- **anstarren** = to stare at
- **das Misstrauen** = mistrust
- **zurückerobern** = to recapture

- **ohne meine Erlaubnis** = without my permission
- **ich muss zurück** = I have to go back

Fragen im Auswahlverfahren
Wählen Sie bitte nur eine Antwort je Frage aus

1. Karl arbeitete als:
    a. Uhrmacher
    b. Fischer
    c. Pirat
    d. Er hatte keine Arbeit

2. Susanne war:
    a. Seine Partnerin
    b. Seine Frau
    c. Seine Tochter
    d. Seine Freundin

3. Karl, um sich zu erholen, :
    a. lief durch die Straßen von Buenos Aires
    b. ging in der Werkstatt spazieren
    c. ging am Strand spazieren
    d. Las Bücher

4. Die Legende sagte, dass die Uhr:
    a. Spanien gehörte
    b. Frankreich gehörte
    c. Seltsame Kräfte hatte
    d. Von einem König war

5. Die Uhr verschwand aus Karls Werkstatt weil:
    a. Susanne sie gestohlen hat
    b. Sie ein unbekannter Mann gestohlen hat
    c. Sie verloren ging
    d. Sie auf magischem Weg verloren ging

Lösungen Kapitel 1

1. a
2. d
3. c
4. c
5. b

Kapitel 2 – Die Karibik

„Du? Erik die Krake?" fragte Karl.

Karl ging näher an ihn heran. Er schien ein altertümlicher Pirat zu sein. Ein Pirat der Karibik. Ein Pirat, von dem die Legenden und Geschichten erzählen. Könnte das sein?

„Ja, das bin ich."

Karl verstand nun, dass die Uhr seltsame Kräfte hatte.

„Jetzt verstehe ich..... Die Legende ist **wahr**!"

„Welche Legende?" fragte Erik.

„Die Legende deiner Uhr."

Erik schaute Karl und Susanne an.

„Woher wisst ihr das?"

Susanne antwortete:

„Es steht in den Büchern geschrieben."

„In einem Buch, sagst du? Sehr gut! Also bin ich berühmt!"

„Nein...nicht wirklich. Nur deine Uhr."

Erik ging nachdenklich einige Schritte durch den Sand. Er zog seine Uhr aus der **Tasche** und sagte:

„Das ist meine Uhr. Ja, aber ich habe sie nicht **hergestellt**. Ich **fand** sie in einem **Schatz** eines anderen Piraten."

„Ein anderer Pirat?", sagte Karl

„Ja, ich weiß nicht von wem. Niemand **bewachte** den Schatz.“

Karl verstand dann, dass Erik die Uhr nur gefunden hatte. Er wusste also nicht, wie die Uhr funktionierte. Erik wusste **ebenfalls** nicht, warum die Uhr sonderbare Kräfte hatte.

Karl sagte zum Piraten:

„Erik, weißt Du, wie die Uhr **funktioniert**?“

„Nein, weiß ich nicht. **Manchmal**, wenn ich sie in die Hand nehme, transportiert sie mich in eure Zeit. Minuten später, wenn ich sie in meiner Hand halte, bringt sie mich zurück in meine Zeit. Es fehlt nicht mehr viel um wieder zurückzukehren.“

„Und warum kommst du hierher?“

„Mir gefällt es, zu sehen, wie sich die Dinge geändert haben. Jetzt gibt es keine Piraten mehr in der Karibik! Es gibt hohe **Gebäude**! Es gibt sogar **fliegende Maschinen**!“

Karl und Susanne lächelten. Der Pirat war es nicht gewohnt, ganz normale Dinge zu sehen, so wie sie es täglich taten. Er schien ein bisschen **verrückt**.

Erik hielt die Uhr wieder fest in seiner Hand und sagte:

„In wenigen Sekunden kehre ich in meine Zeit zurück. Meine Zeit und mein Ort **seit hunderten von Jahren**.“

Karl und Susanne schauten sich an. Sie sprachen miteinander.

„Was denkst du, Susanne?“

„Was ich denke, fragst du?“

„Willst du in die Karibik des 17.Jahrhunderts?"

Susanne wurde **nachdenklich**.

„Lass uns gehen!" sagte sie endlich.

Karl und Susanne sagten zu ‚Erik die Krake':

„Wir möchten mit dir gehen."

„Wirklich?" fragte Erik.

„Ja. Funktioniert es, wenn wir alle Drei die Uhr anfassen?"

„Ja, es funktioniert. Ihr müsst nur eure Hände auf die Uhr legen."

Alle Drei **berührten** die Uhr und wurden in die Karibik des 17.Jahrhunderts transportiert. Dort, wo die spanischen Schiffe gegen die Piraten kämpften.

Die Nacht verwandelte sich in Tag und **plötzlich** waren sie im Lager der Piraten. Viele Piraten schauten sie an.

Einer von ihnen mit langem Haar kam zu „Erik die Krake".

„Hallo, Kapitän!"

„Endlich bist du zurück!"

Alle Drei lösten die Hand von der Uhr. Karl und Susanne waren **verwirrt**. Erik die Krake war ein Kapitän! Er sagte zu seinen Männern:

„**Hört!** Ich präsentiere euch..."

Erik die Krake **merkte**, dass er ihre Namen nicht kannte. Er sah das **Pärchen** an und fragte:

„Wie heißt ihr?"

„Karl und Susanne."

„So! Männer! Ich präsentiere euch Karl und Susanne!"

Die Piraten waren nicht verwundert. Sie wussten von den Kräften der Uhr und **waren daran gewöhnt**. Ihr Kapitän verschwand mit ihr und kam mit ihr zurück.

Der andere Pirat namens Frank sagte zum Kapitän:

„**Diesmal** kommst du nicht allein!"

„Ja, Karl und Susanne werden uns bei unserer Mission helfen."

Karl sagte zu Erik:

„Mission? Welche Mission?"

„Ihr werdet uns helfen die Schlacht gegen die spanischen Schiffe zu gewinnen."

„Wie? Du hattest gar nichts davon erzählt!"

„Erik die Krake" ging zu seinem **Zelt** am Strand. Das **Ufer** war **voller** Piratenschiffe. Karl und Susanne blieben mit Frank alleine.

„Ich heiße Frank. Es tut mir leid."

„Was tut dir leid?" fragte Susanne.

„Erik ist **verzweifelt**. Die Spanier kennen diese Uhr. Sie wollen sie **um jeden Preis** bekommen. Deshalb **greifen** sie uns jede Nacht **an**. Gerade jetzt kämpfen unsere Schiffe gegen ihre. Helft ihr uns zu **entkommen**?"

129

In der Ferne hörte man den **Lärm** der **Schlacht** und der **Kanonen**.

Karl fragte:

„Wie sollen wir euch helfen?"

„Ihr wisst was passieren wird. Ihr lebt in der **Zukunft.**"

„Nein, nein, nein. Wir wissen nicht, was passieren wird! In unserer Zeit ist die Uhr nur eine Legende!"

Frank wurde traurig.

„**Jedermann,** der die Uhr anfasst, kann mit ihr reisen. Erik ist von ihr **besessen**. Er versucht Hilfe aus der Zukunft zu bekommen, aber er schafft es nicht."

„Und was willst du machen?", fragte Susanne.

„**Ihr müsst** unserem Kapitän die Uhr **stehlen**."

„Wann?"

„Morgen. Morgen wird es eine große Schlacht geben. Erik die Krake wird viele Schiffe in den Krieg schicken. Ihr müsst die Uhr mitnehmen und dürft niemals wieder **zurückkehren**."

Frank ging zu Erik ins Zelt und sie setzten sich neben ein **Lagerfeuer**.

„Ich bin nur ein Uhrmacher", sagte Karl. „Wie soll ich jemandem etwas stehlen, der so stark ist?"

„Wir müssen **einen Weg finden,** ihm die Uhr wegzunehmen."

„Ich habe eine Idee!"

Zusammenfassung

Karl und Susanne reden mit "Erik die Krake". Es ist ein Pirat aus dem 17.Jahrhundert. Er hat eine Uhr, mit der er in die heutige Zeit reist. Sie reisen gemeinsam ins 17. Jahrhundert. „Erik die Krake" ist von der Uhr besessen. Frank, der Mann, den sie in der Karibik kennenlernen, sagt ihnen, dass sie Erik die Uhr stehlen müssen.

Vokabeln

- **wahr** = true
- **die Tasche** = pocket
- **hergestellt** = made, manufactured
- **fand** = found
- **der Schatz** = treasure
- **bewachen** = to guard
- **ebenfalls** = in any case
- **funktioniert** = works
- **manchmal** = sometimes
- **die Gebäude** = buildings
- **fliegende Maschinen** = flying machines
- **verrückt** = crazy
- **seit hunderten von Jahren** = for hundreds of years
- **nachdenklich** = thoughtful, thinking
- **berühren** = to touch
- **plötzlich** = all of a sudden

- **verwirrt** = confused
- **Hört!** = listen
- **merkte** = realised
- **das Pärchen** = couple
- **daran gewöhnt sein** = to be used to it
- **diesmal** = this time
- **das Zelt** = tent
- **das Ufer** = shore
- **voller** = filled with
- **verzweifelt** = desperate, hopeless
- **um jeden Preis** = at all costs
- **angreifen** = to attack
- **entkommen** = escape
- **der Lärm** = noise
- **die Schlacht** = battle
- **die Kanonen** = cannons
- **die Zukunft** = future
- **traurig werden** = to become sad
- **jedermann** = anyone
- **besessen** = obsessed
- **erreichen** = to reach
- **der Boden =** the ground, the floor
- **ihr müsst....stehlen** = you have to steal
- **zurückkehren** = return
- **das Lagerfeuer** = campfire
- **den Weg finden** = to find the way

Wählen Sie bitte nur eine Antwort je Frage aus

6. Der kräftige Mann heißt:
   a. Karl
   b. Erik
   c. Frank

7. Die Kraft der Uhr ist die folgende:
   a. Man reist zwischen zwei Epochen
   b. Man reist nur ins 17.Jahrhundert
   c. Man reist nur ins 21.Jahrhundert

8. Erik reist:
   a. Mit Karl
   b. Mit Susanne
   c. Mit Karl und Susanne
   d. Alleine

9. Erik will:
   a. Hilfe gegen die spanischen Schiffe
   b. Vor den spanischen Schiffen flüchten
   c. Mit Karl und Susanne wohnen

10. Frank sagt zu Karl und Susanne, dass sie:
    a. In ihre Zeit zurückgehen sollen
    b. Die Uhr stehlen sollen
    c. Bei der Schlacht gegen die Spanier helfen sollen
    d. Sich von Erik fernhalten sollen

6. b
7. b
8. c
9. a
10. b

Kapitel 3 – Der Raub

Karl und Susanne stiegen auf das Schiff von Erik die Krake. Es war ein sehr großes Schiff. Auf der rechten und auf der linken Seite waren viele Kanonen. Es war das Lieblingsschiff des Piraten. Frank war sein **Zweiter Mann** und reiste immer mit ihm auf dem Schiff.

Das Schiff hatte viele **Räume,** Kabinen und Material.

"Erik die Krake" ging ans **Ruder.**

Frank **zeigte** Karl und Susanne das Schiff**.**

„Was haltet ihr von unserer **Schönheit**?"

Susanne las sehr viel. Karl hatte viele Bücher, aber er las nicht so viel wie Susanne.

„Ich sehe tatsächlich ein echtes Piratenschiff. Es ist **unglaublich**!" sagte sie.

Frank lachte. Seine Zähne waren etwas **schmutzig**.

„Wir sehen es jeden Tag."

Sie gingen **ganz nach oben**. Das Schiff bewegte sich schon. Sie fuhren zur Schlacht gegen die spanischen Schiffe. Der Wind war etwas kühl, und es gab keine **Wolken.** Man sah nur das blaue Karibikwasser und den Strand, wo das **Piratenlager** lag.

Erik die Krake stand in der Nähe von Karl, Susanne und Frank.

Frank fragte sie:

„Na gut! Wie werden wir es machen?"

Karl antwortete:

„Einen Moment, einen Moment. Warum will Erik, dass Susanne und ich hier auf dem Schiff sind? Ich kann nicht kämpfen! Und sie auch nicht!"

„Das habe ich euch vorhin gesagt. Er ist verrückt. Die Uhr ist seine **Obsession**. Er denkt, dass ihr ihm auf **irgendeiner Weise** helfen werdet, die Schlacht zu gewinnen."

Erik sah sie von oben an. Sein Blick sagte nichts. Er sah sie nur **aufmerksam** an.

„**Ehrlich** gesagt", sagte Frank, „weiß ich nicht, was Erik sich denkt."

„Warum sagst du das?" sagte Susanne.

„Schaut auf das **Meer**."

Sie schauten auf das Meer. Blaues Wasser, keine Wolken. Sie zählten ungefähr 10 Schiffe. Das größte Schiff war das von Erik.

„Seht ihr? Wir haben 10 Schiffe!"

Susanne verstand, was Frank damit sagen wollte.

„Ihr habt 10 Schiffe und die Spanier haben mehr. Richtig?"

„Ja."

„Wie viele mehr?"

„Es sind 30."

Karl schrie:

„Sie sind 30! Und wir 10! Seid Ihr verrückt!"

„Deshalb will ich **dem ein Ende setzen**. Ihr müsst Erik die Uhr stehlen. Er ist besessen. Wir können diese Schlacht nicht gewinnen."

„Was sollen wir machen?"

Frank guckte Karl an und sagte:

„Du bist Uhrmacher. Richtig?"

„Ja."

„Du musst Erik sagen, das du die Uhr brauchst, um die Schlacht zu gewinnen. **Vielleicht** funktioniert es."

„Und wie mache ich das?"

„Keine Ahnung! Aber du musst es tun!"

Die Zeit lief ab. Man sah die spanischen Schiffe am Horizont.

Karl zögert, doch dann ging er zu Erik. Erik sprach zu seinen Piraten. Er erklärte ihnen, wie zu kämpfen ist, welche Taktik sie hatten und was sie tun würden.

Erik sah, dass Karl ihn anschaute.

„Willst du etwas, Karl? Hast du jetzt eine Idee, wie wir die Schlacht gewinnen können?"

„Ja, ja....das habe ich. Komm, und ich erzähle sie dir."

Der kräftige Pirat und Karl gingen einige Schritte von den anderen weg. Frank und Susanne **taten so, als wäre nichts.**

„Erik, wie du weißt, bin ich Uhrmacher. Ich muss deine Uhr sehen."

Das Gesicht des Piraten veränderte sich komplett.

„Wofür willst du sie?"

„Wenn du sie mich reparieren lässt, können wir die Schlacht gewinnen."

„Und?"

Karl wusste nicht, was er sagen sollte. Er **überlegte** und **erfand blitzschnell** eine Antwort.

„Ich glaube, ich weiß jetzt, wie es funktioniert," log er.

„Und?"

„Wenn du mich sie sehen lässt kann ich sie verändern. Ich kann die Uhr so verändern, dass sie uns zu einem anderen Ort transportiert. Dann brauchst du nicht zu kämpfen."

Die spanischen Schiffe kamen und begannen ihre Kanonen abzuschießen. Die Piratenschiffe **verteidigten sich**. Auch ihre Kanonen schossen. Karl und Erik **taumelten**.

Erik schrie seine Piraten an:

„Los**! Schießt weiter!** Wir dürfen nicht verlieren!"

Karl musste die Uhr sehen. Ohne die Uhr konnte er nicht nach Buenos Aires zurück. Nicht er und nicht Susanne.

„Hör mich an!" sagte Karl.

Die Kanonen der spanischen Schiffe schossen **noch stärker**.

„Gib sie mir!"

Der Pirat schaute ihn an, jedoch wollte er ihm die Uhr nicht geben.

Ein **Kanonenschuss** ging **ohne Vorwarnung** durch das Ruder, und Erik fiel auf den **Holzboden**. Karl **nutzte diesen Moment aus** und stahl seine Uhr. Er rannte weg.

Erik merkte das.

„Halt! **Dieb!**"

Karl warf die Uhr zu Susanne, und sie fing sie auf. Frank sah, dass Karl zu ihr lief.

Die spanischen Kanonen schossen wieder, und Erik **stürzte sich auf** Susanne. Frank versuchte, Susanne zurückzuhalten. Am Ende berührten alle Vier die Uhr. Die Uhr aktivierte sich, und sie reisten ins 21. Jahrhundert.

Die Vier wurden **bewusstlos**.

Stunden später erwachten Erik die Krake, Karl, Susanne und Frank am Strand von Buenos Aires. Erik wachte zuerst auf. Er nahm die Uhr und versuchte in seine Zeit zurück zu reisen. Aber er konnte es nicht. Sie war **kaputt**.

„Was hast du gemacht, Karl? Was hast du gemacht?"

Die Anderen wachten auf.

Frank sah sich den Strand, die Stadt und die Leute an. Es war das erste Mal, dass er in Buenos Aires war. **Weinend** sagte Frank zu Karl:

„Das ist die Karibik der Zukunft?"

„Naja….“, antwortete Karl, „sie ist **relativ** nah.“

Erik fragte die anderen Drei:

„Was werden wir jetzt tun?“

Niemand sagte etwas, bis Karl sprach.

„Komm in meine Werkstatt. Ich werde versuchen, deine Uhr zu reparieren. Aber nur **unter einer Bedingung**.“

„Was für eine Bedingung?“

„Ich will, dass du mir die beste Piratengeschichte erzählst, die du kennst.“

Anhang zu Kapitel 3

Zusammenfassung

„Erik die Krake" kämpft gegen spanische Schiffe. Frank sagt zu Karl, dass er Eriks Uhr stehlen soll. Karl weiß nicht, was er sagen soll, aber die Spanier greifen sie mit ihren Kanonen an. Die Schlacht beginnt und sie kämpfen. Alle Vier berühren die Uhr und reisen ins 21.Jahrhundert. Sie sind in Buenos Aires. Karl will Eriks Uhr reparieren. Aber nur unter einer Bedingung. Erik soll ihm die beste Piratengeschichte erzählen.

Vokabeln

- **Zweiter Mann** = second in command
- **Die Räume** = rooms
- **Das Ruder** = rudder
- **zeigte ihnen** = showed them
- **Die Schönheit** = beauty
- **unglaublich** = unbelievable
- **schmutzig** = dirty
- **ganz nach oben** = (right) to the top
- **die Wolken** = clouds
- **das Piratenlager** = pirate camp
- **die Obsession** = obsession
- **auf irgendeiner Weise** = in some way
- **aufmerksam** = attentively
- **ehrlich** = honestly
- **das Meer** = sea
- **dem ein Ende setzen** = put an end to this
- **vielleicht** = maybe

141

- **sie taten so, als wäre es nicht** = they acted, as if it was nothing
- **überlegen** = to think, reflect
- **erfand** = invented
- **blitzschnell** = with lightning speed
- **sich verteidigen** = to defend oneself
- **taumeln** = to stagger
- **schießt weiter** = keep shooting
- **Hört mich an!** = Listen to me!
- **noch stärker** = even stronger
- **der Kanonenschuss** = cannon shot
- **ohne Vorwarnung** = without warning
- **der Holzboden** = wooden floor
- **nutzte diesen Moment aus** = took advantage of the moment
- **der Dieb** = thief
- **stürzte sich auf** = leap on, jump on
- **bewusstlos** = unconscious
- **aufwachen** = wake up
- **kaputt** = broken
- **weinend** = crying
- **relativ** = fairly
- **aber unter einer Bedingung** = but on one condition

Fragen im Auswahlverfahren
Wählen Sie bitte nur eine Antwort je Frage aus

11. Der Pirat, der Frank heißt, ist:
    a. Der Cousin von Erik
    b. Der Sohn von Erik
    c. Der Zweite Mann
    d. Niemand Spezielles

12. Frank sagt zu Karl:
    a. Dass er kämpfen muss
    b. Dass er die Uhr stehlen muss
    c. Dass er mit Susanne weggehen muss
    d. Dass er nach Buenos Aires gehen möchte

13. Als Erik mit Karl spricht:
    a. Gibt Erik ihm die Uhr
    b. Gibt Erik ihm die Uhr nicht

14. Nach Buenos Aires reisen:
    a. Karl und Susanne
    b. Erik und Karl
    c. Erik und Frank
    d. Alle

15. Karl repariert Eriks Uhr, unter der Bedingung:
    a. Dass er in die Karibik zurück kann
    b. Dass Erik Piratengeschichten erzählt
    c. Dass er ein Schiff bekommt
    d. Dass Susanne ihm hilft

11. c
12. b
13. b
14. d
15. b

This title is also available as an audiobook.

For more information, please visit the Amazon store.

5. Die Truhe

Kapitel 1 – Zahlen

Es lebte einmal ein Mann in Deutschland. Dieser Mann war sehr alt. Er lebte schon **viele Jahrzehnte** und war sehr **weise**. Der alte Mann hieß Arthur.

Arthur reiste alleine durch Deutschland. Er lebte nirgendwo sehr lange. Er hatte Geld **gespart** und **gab es für seine Reisen durch Deutschland aus**. Er aß und schlief wo er konnte. Aber er hatte eine Mission. Was für eine Mission hatte er?

Eines Tages war Arthur in München. Er hatte sich schon lange Zeit nicht mehr rasiert. In der Frauenstraße sahen ihn viele Leute an. Seine **Kleidung** war seltsam und **eigenartig**.

Arthur kam zum Englischen Garten. Das ist ein großer Park in München, mit hohen Bäumen, Wasser und **kleinen Booten**, wo man den **Nachmittag verbringen** kann. Dort waren immer Leute: Paare, Familien, Jugendliche...

Der alte Mann näherte sich einem Mann, der eine **Zeitung** las. Der Mann war gegen einen Baum **gelehnt** und sah sehr **entspannt** aus. Arthur setzte sich neben ihn**.**

„Guten Tag, mein Herr", sagte Arthur.

„Hallo...", antwortete der Mann mit der Zeitung misstrauisch.

„Wie geht's, David?"

David war **überrascht**. Woher kannte er seinen Namen?

„Haben Sie David gesagt?"

„Ja, das habe ich."

„Woher kennen Sie meinen Namen?"

„Das kann ich Ihnen nicht sagen."

David hörte auf zu lesen und sah Arthur an. Er sah ihn genau an, doch er wusste nicht, wer er war. Nicht einmal ohne den langen Bart hätte er gewusst, wer er war.

„Was wollen Sie von mir?", fragte David.

„Ich komme nicht, um Sie zu **stören** und nicht, um Ihnen alte Geschichten zu erzählen. Aber ich möchte Ihnen doch etwas erzählen."

„Fahren Sie fort."

Arthur nahm ein Foto aus seiner Tasche. Auf diesem Foto war eine **schmutzige** Truhe. Es war eine sehr alte Truhe, und es schien, als ob sich **etwas Wertvolles** in ihr befand.

„Was ist das?", fragte David.

„Sie wissen nicht, was das ist?"

„Es sieht aus wie eine Truhe, aber ich habe sie nie in meinem Leben gesehen."

„Schauen Sie sich diese **Zahlen** an."

In die Truhe waren einige Zahlen **eingraviert**, aber es **fehlten** drei von ihnen.

„Es fehlen drei Zahlen.", sagte David

„Genau, ich brauche diese drei Zahlen für meine Mission."

„Welche Mission?"

„Das kann ich Ihnen auch nicht erzählen."

David verstand nicht, was er wollte. Wie konnte er ihm Zahlen geben, die er nicht kannte?

„Sicher haben Sie eine dieser Zahlen **aufbewahrt**."

„Ich weiß nicht, wovon Sie sprechen, Arthur."

„Überlegen Sie. Sie müssen einen alten Gegenstand mit einer Zahl haben."

„Jetzt wo Sie es sagen... Kommen Sie mit mir."

David und Arthur gingen aus dem Englischen Garten hinaus. Sie kehrten durch eine **breite Straße** zurück und nahmen den Bus bis zur Frauenstraße.

Während sie durch die Straßen gingen, sagte David zu Arthur:

„Wie lange sind Sie schon in München, Arthur?"

„Ich bin seit zwei Monaten hier."

„Gefällt es Ihnen?"

„Ja, hier sind Leute aus allen Ländern."

David und Arthur kamen an einem Lager an. Das Gebäude war hinter der Frauenstraße. David **bewahrte** in diesem **Lager** viele Dinge aus seiner Vergangenheit **auf**. **Spielzeuge** aus seiner Kindheit, **Notizen** aus der Universität, alte Fotos ...

„Was suchen wir hier?", fragte Arthur.

„Ich erinnere mich, so etwas zu haben."

„Eine Zahl?"

„Ja, eine Zahl. Ich suche mal."

David suchte eine halbe Stunde. Arthur versuchte, ihm zu helfen, aber David sagte:

„Setzen Sie sich. Keine Sorge. Ich suche schon."

Es dauerte eine Stunde, bis er es fand.

„Schauen Sie, Arthur. Ich hab es gefunden."

„Was haben Sie gefunden?"

Arthur stand auf und fragte:

„Woher wissen Sie was ich suche?"

„Keine Ahnung, aber ich habe das schon seit vielen Jahren."

David **wickelte** ein **verstaubtes Taschentuch aus**. Darin war eine **Goldkette** mit einem Motiv. Das Motiv war eigenartig, aber darin war eine Zahl.

David sagte zu Arthur:

„Ich weiß nicht warum, aber als Sie von einer Zahl sprachen, erinnerte ich mich daran."

„Wer hat Ihnen diese Kette gegeben?"

„Ich bin nicht sicher. Ich glaube, dass ich sie habe, **seitdem ich klein war**."

Arthur öffnete die Lagertür und David sagte zu ihm:

„Wo gehen Sie hin?"

„Jetzt sind wir hier fertig. Vergessen Sie diese Zahl nicht."

„Warten Sie!"

Arthur verschwand durch die Tür, und David ging hinterher. Als er die Tür wieder öffnete, war Arthur nicht mehr da. Arthur ging zurück zur Frauenstraße und dort nahm er den Zug. Danach fuhr er zum Flughafen. Das nächste Ziel war Sylt, die **Nordseeinsel**.

Arthur bezahlte das Flugticket und stieg ein. Kurz danach kam er auf Sylt an. Dort waren viele Touristen und Arbeiter. Es war eine Insel voller Menschen, doch er wusste wohin er gehen musste. Er rief ein Taxi und gab dem Fahrer die Adresse. Kurz danach kam er zu einem großen Haus.

Das große Haus sah **sehr teuer aus** und sein **Besitzer** hatte bestimmt viel Geld. Das Haus hatte einen sehr großen Garten und einige **Angestellte**. **Gärtner pflegten** die **Pflanzen** und Bäume. Verschiedene Hunde liefen hier und da herum. Arthur **schaute sich das Haus von außen an**, bis er endlich klingelte.

Zusammenfassung

Arthur war ein alter Mann mit einer Mission. Er hatte ein Foto von einer schmutzigen Truhe. Er musste drei Zahlen wissen und suchte nach Personen, um diese zu erfahren. Die erste Person war David, ein Mann, der Zeitung in München las. David hatte die Zahl an einer alten Kette, die er besaß, seitdem er klein war. Danach reiste Arthur nach Sylt.

Vokabeln

- **Die Truhe** = chest
- **die Jahrzehnte** = decades
- **weise** = wise
- **sparen** = to save up (money)
- **Geld für etwas <u>ausgeben</u>** = to spend money on something
- **die Kleidung** = clothes
- **eigenartig** = odd, peculiar
- **kleine Boote** = small boats
- **den Nachmittag verbringen** = to spend the afternoon
- **die Zeitung** = newspaper
- **gegen etwas (dat.) gelehnt sein** = to lean against something
- **entspannt** = relaxed
- **überrascht** = surprised
- **stören** = to bother, disturb you
- **Fahren Sie fort** = please continue
- **schmutzig** = dirty

- **wertvoll** = valuable
- **die Zahlen** = numbers
- **eingraviert** = engraved
- **fehlen** = to be missing
- **aufbewahren** = to keep safe
- **jetzt wo Sie es sagen** = now you say it
- **breite Straße** = wide street
- **das Lager** = storage
- **das Spielzeug** = toys
- **die Notizen** = notes
- **auswickeln** = to unwrap
- **das Taschentuch** = scarf
- **verstaubt** = dusty
- **die Goldkette** = golden necklace
- **seitdem ich klein war** = since I was young
- **die Nordseeinsel** = North Sea island
- **teuer** = expensive
- **der Besitzer** = the owner
- **der Angestellter** = staff, employee
- **die Gärtner** = gardeners
- **pflegen** = to take care of
- **die Pflanzen** = plants
- **sich etwas (acc.) anschauen** = to take a look at something

Fragen im Auswahlverfahren
Wählen Sie nur eine Antwort je Frage aus

1. Arthur war:
    a. Ein sehr junger Mann
    b. Ein Mann mittleren Alters
    c. Ein alter Mann
    d. Weiß man nicht

2. Arthurs Foto zeigte:
    a. Eine Truhe
    b. Ein Lager
    c. Eine Kette
    d. Eine Stadt

3. Arthur sprach zum ersten Mal mit David:
    a. In der Frauenstraße
    b. Im Englischen Garten
    c. Im Flughafen
    d. In einem Lager

4. David brachte Arthur:
    a. Zum Flughafen
    b. Zum Taxi
    c. Nach Sylt
    d. Zu einem Lager

5. Arthur reiste, nachdem er mit David gesprochen hatte,:
    a. Nach München
    b. Nach Amrum
    c. Nach Sylt
    d. Nach Köln

Lösungen Kapitel 1

1. c
2. a
3. b
4. d
5. c

Kapitel 2 – Sylt

Arthur klingelte. Er wartete, dass jemand reagierte.

„Hallo?"

Niemand antwortete.

Der Alte wartete auf einer Bank neben dem Haus. Es schien, als ob niemand die Tür aufmachen wollte. Er nahm sein Foto aus der Tasche und schaute es an. Er **lächelte**. Es war die Truhe. Er steckte das Foto wieder in seine Jacke.

Arthur hörte etwas näherkommen. Es war ein Auto. Es war ein teures Cabriolet. Darin saß eine Frau. Sie trug eine Sonnenbrille und sah Arthur nicht.

Die Frau öffnete das **Tor** des Hauses mit einer **Fernbedienung**. Sie sah Arthur immer noch nicht.

„Warten Sie!", sagte er.

Die Frau sah Arthur und hielt ihr Auto an. Das Tor blieb offen.

„Wer sind Sie?", fragte sie.

„Können Sie einen Moment aussteigen?"

Die Frau sah ihn an und stieg aus. Ein Butler aus dem großen Hauses näherte sich und sagte zu der Frau:

„Frau Meier, möchten Sie, dass ich ihren Wagen zum Parkplatz bringe?"

„Ja, Markus, Danke."

Markus war ihr Butler. Arthur verstand das.

„Frau Iris Meier, richtig?", fragte er.

„Ja, das bin ich."

„Ich komme **wegen** einer sehr wichtigen **Angelegenheit**."

„Was für eine wichtige Angelegenheit kann das sein? **Was es auch sei**, kommen Sie mit mir. Kommen Sie in mein Haus."

Arthur folgte der Frau in ihr Haus. Der Garten war sehr groß, **riesig**. Diese Frau hatte wirklich ein **prachtvolles** Haus.

„All dies gehört Ihnen?", fragte Arthur.

„ Ja, als ich 25 Jahre alt war, habe ich eine Firma eröffnet, und **es lief gut**."

„Ich verstehe, viel Arbeit."

„Sehr viel. Kommen Sie hier entlang."

Arthur und Iris gingen die Treppe hinauf und kamen zur Eingangstür. Die Eingangstür war aus Holz, sie war sehr **hübsch**. Ihr Design war antik.

„Ist ihr Haus antik?"

Iris lächelte.

„Nein, das ist es nicht. Aber es wurde in antikem Stil gebaut."

Der Butler Markus folgte ihnen durch das Haus. Er trug ein **Tablett** mit Tee und Keksen.

„Herr...", sagte Markus.

„Arthur, danke."

„Herr Arthur, möchten Sie etwas?“

„Ja, einen Tee bitte. Danke.“

Iris zog Ihre Jacke aus. Es war sehr heiß auf Sylt.

Markus sprach noch einmal zu Arthur:

„Darf ich Ihnen die Jacke abnehmen, mein Herr?“

Arthur zog sich die Jacke aus und gab sie dem Butler. Er ging aus dem Saal, kam jedoch zurück und brachte Arthur den Tee. Danach ließ er Iris und Arthur alleine.

Iris setzte sich auf das Sofa und Arthur auch. **Sie schauten sich beide an**.

„Herzlich Willkommen in meinem Haus, Arthur. Was wollen Sie?“

Arthur trank etwas Tee und stellte dann das Glas auf das Tischchen.

„Ich muss eine Zahl wissen.“

Iris wunderte sich, genauso wie David.

„Eine Zahl?“

„Ja, eine Zahl.“

„Eine **bestimmte** Zahl?“

„Erinnern Sie sich!“

Iris versuchte sich zu erinnern. Sie versuchte zu verstehen, was Arthur sagte, **aber im Gegensatz zu** David, erinnerte sie sich an nichts.

„Ich weiß nicht, was Sie damit meinen. Bitte, könnten Sie sich besser erklären."

Arthur **schaute sich um**. Der Saal war riesig. Sicher war die zweite Zahl hier irgendwo. Na klar, das Foto!

„Können Sie den Butler rufen, damit er meine Jacke bringt?", fragte Arthur.

„Natürlich."

Wenige Sekunden später erschien Markus mit Arthurs Jacke. Als Arthur sie nahm, ging der Butler wieder weg.

Arthur suchte in seiner Jacke. Sie hatte viele Taschen, und es war **schwer**, das Foto der Truhe zu finden. Iris **wurde ungeduldig**.

„Das war's! Ich habe es!"

Arthur holte das Foto der Truhe heraus und legte es auf den Tisch. Iris nahm das Foto in die Hand und schaute es an. Schließlich **erinnerte Sie sich an etwas**.

„Ich weiß nicht, warum... aber ich erinnere mich an etwas."

„Denken Sie nach, Iris, denken Sie."

Iris stand vom Sofa auf und Arthur lächelte. Sie war auf einem guten Weg.

„Kommen Sie mit mir, Arthur. Ich weiß nicht, wer Sie sind, noch was Sie wollen, aber Sie haben mich dazu gebracht, mich an etwas zu erinnern."

Beide gingen aus dem Haus, und **betraten** ein anderes, kleines Gebäude neben dem Haus. Darin befanden sich

Statuen, **Kunstwerke** und andere Dinge. Es war wie ein kleines Privatmuseum.

Iris öffnete ein kleines **Kästchen**, und da war sie. Eine Halskette, genau wie die von David. Sehr alt und schmutzig, aber man konnte immer noch die Zahl lesen, die auf ihr stand.

Arthur sah auf die Zahl der Halskette.

„Das ist alles, was ich wissen musste."

„Ich verstehe immer noch nichts, Herr Arthur. Was wünschen Sie? Die Truhe hat mich an die Kette erinnert, aber ich weiß nicht, warum."

„Ich muss jetzt gehen, Frau Iris, aber bitte, fragen Sie nichts mehr."

Arthur verließ das Haus von Frau Iris. Er wurde vom Butler Markus **begleitet**.

„Bis bald, Frau Iris!"

Sie **verabschiedete** sich nicht. Sie wusste nicht, warum Arthur gekommen war. Sie **traute** der Sache nicht und vergaß das alles lieber.

Arthur **mietete** ein Hotelzimmer **mit Meerblick**. Dort schlief er an diesem Tag und **genoss** die Sonne und den Nordseewind. Es gab eine dritte Person, die er sehen musste. Diese Person lebte im Norden.

Anhang zu Kapitel 2

Zusammenfassung

Arthur reist nach Sylt, um eine Frau zu sehen. Diese Frau heißt Iris und ist **Millionärin**. Sie hat ein sehr großes Haus und sie bittet Arthur herein. Genau wie David erinnert sie sich an eine Zahl auf einer Goldkette. Nachdem Arthur die zweite Zahl erfahren hat, verabschiedet er sich. Es fehlt noch eine dritte Person, die er in Berlin besucht.

Vokabeln

- **lächeln** = to smile
- **Das Tor** = gate
- **Die Fernbedienung** = remote control
- **wegen** = because of, due to
- **die Angelegenheit** = matter
- **was es auch sei** = whatever it may be, in any case
- **riesig** = huge
- **prachtvoll** = splendid, excellent
- **es lief gut** = I've been doing well
- **hübsch** = nice, lovely, pretty
- **das Tablett** = tray
- **darf ich Ihnen die Jacke <u>abnehmen</u>** = may I take your jacket
- **sich [einander] <u>anschauen</u>** = to look at [each other]
- **bestimmt** = particular, certain
- **im Gegensatz zu** = unlike...
- **ich weiß nicht, was Sie damit meinen** = I don't know what you mean by that

- **schaute sich um** = looking around
- **schwer** = hard, difficult
- **ungeduldig** = impatient
- **erinnerte (Sie) sich an etwas** = (she) remembered something
- **etwas (acc.) betreten** = to step inside
- **die Kunstwerke** = works of art
- **das Kästchen** = small box
- **jemanden begleiten** = to accompany somebody
- **sich verabschieden** = to say goodbye
- **etwas (dat.) trauen** = to trust something
- **mieten** = to rent
- **mit Meerblick** = with sea view
- **genoss (genießen)** = enjoyed

Fragen im Auswahlverfahren
Wählen Sie nur eine Antwort je Frage aus

6. Das Haus von Iris:
    a. War groß
    b. War klein
    c. War mittlerer Größe
    d. Weiß man nicht

7. Der Butler heißt:
    a. David
    b. Arthur
    c. Karl
    d. Keine der vorherigen Antworten

8. Iris erinnert sich an etwas, was mit einer Nummer zu tun hat, als:
    a. Arthur über sie spricht
    b. Arthur ihr ein Foto von der Truhe zeigt
    c. Arthur ihr von einer Truhe erzählt
    d. Arthur ihr von einer Goldkette erzählt

9. Nachdem Arthur sich von Iris verabschiedet:
    a. Reist er nach Berlin
    b. Reist er nach München
    c. Mietet er ein Hotelzimmer auf Sylt
    d. Keine der vorherigen Antworten

10. Die dritte Person mit der dritten Nummer ist:
    a. In München
    b. Auf Sylt
    c. In Berlin
    d. Keine der vorherigen Antworten

6. a
7. d
8. b
9. c
10. c

Kapitel 3 – Die Antwort

Arthur reiste nach Berlin. Er nahm wieder das Flugzeug von Sylt. Das Flugzeug machte eine **Zwischenlandung** in Hamburg und flog weiter nach Berlin. Im Flughafen kaufte er Essen für den Flug und kam in Berlin an.

Er bestellte wie immer ein Taxi. Der Taxifahrer war sehr freundlich und brachte ihn nach Berlin. Dort kamen sie dicht an der Neuen Nationalgalerie Berlin vorbei und konnten sehen, wie schön sie war. Arthur fragte den Taxifahrer:

„**Waren Sie schon einmal** in der Nationalgalerie?"

„Ja, vor einem Monat war ich mit meiner Familie dort."

„Und? Hat es Ihnen gefallen?"

„Ja, es ist sehr schön darin. Aber **diese Art** von **Kunst** ist seltsam für mich."

„Ja, es ist teilweise sehr moderne Kunst. Mir gefällt die traditionelle Kunst mehr."

Er sprach noch etwas mehr mit dem Taxifahrer, bis sie im Berliner Zentrum ankamen. Dort bezahlte Arthur ihn. Er fragte den Taxifahrer:

„Was macht das?"

„Das sind 12,50 €, bitte."

„**Nehmen Sie**. Danke."

Arthur gab ihm das Geld, stieg im Zentrum aus, und schloss die Tür. Es war eine schöne Stadt. Sie hat sich **mit den**

Jahren verbessert. Vor vielen Jahren war die Stadt weniger grün als heute. Jetzt war sie sehr viel grüner.

Er wusste nicht mehr, wie man zur dritten Person kam. Er fragte eine Person auf der Straße:

„Entschuldigen Sie. Wie komme ich dort hin?"

Arthur zeigte ihm eine Karte. Auf der Karte war ein See und in der Nähe ein Haus abgebildet.

Der freundliche **Passant** gab ihm eine Adresse.

„Danke! Sie sind sehr freundlich!"

„Gern geschehen."

Arthur ging eine halbe Stunde lang. Er nahm kein Taxi mehr. Er wollte **spazieren gehen.** Es war gesund, und es machte ihm Spaß.

Am Ende kam er an einem Haus aus Holz an. Neben dem Holzhaus war ein kleiner Pier mit einigen kleinen Booten. Die Boote gehörten nicht dem Hausbesitzer, aber er **verwaltete** sie.

Arthur **zog seine Schuhe aus** und ging durch den Sand, bis er zum kleinen Haus kam.

„Ich hoffe, dass diesmal jemand da ist!", sagte er, während er sich an Iris aus Sylt erinnerte.

Er klopfte einmal. Beim zweiten Mal öffnete jemand. Es war ein alter Mann, so wie er, aber ohne Bart. Er hatte viele **Falten** im Gesicht.

„Hallo!", sagte der Hausherr, „kann ich etwas für Sie tun?"

„Ja, mein Name ist Arthur. Ich möchte mit Ihnen sprechen."

„Ach, nichts mit Sietzen. Wir können uns Dutzen. Bitte."

„Na gut. Ich möchte mit dir sprechen."

„Komm rein, Arthur."

Arthur war überrascht. Der **Hausherr** war eine sehr freundliche Person. Er trug **einfache** Kleidung, wie ein Fischer. Das Haus roch nach Fisch und er hatte eine **Anglerausrüstung**. Es gab dort auch Bücher, in denen er **sicherlich** über die Leihboote Buch führte.

„Und?", fragte er ihn.

Arthur fiel auf, dass er einen Ring trug. In diesem Ring gab es eine Zahl. Er fing an zu lachen.

„Was ist denn, Arthur?"

„Ich dachte, es wäre schwieriger."

„Was?"

„Deinen Ring ....wer hat ihn dir gegeben?"

„Das war ein **Geschenk**. Das ist schon viele Jahre her, und ich erinnere mich nicht mehr. Ich glaube, es war vorher eine Halskette."

Arthur sah die Zahl auf dem Ring. Jetzt hatte er die dritte Zahl. Er hatte die drei Zahlen und konnte gehen. Er wollte noch ein bisschen mehr mit dem Fischer reden.

„Wie heißt Du?", fragte ihn Arthur.

„Ich heiße Emil."

„Emil …das ist ein typischer Berliner Name. Richtig?"

„Ja, das ist er."

Arthur wollte ehrlich sein und **nicht drum herum reden**.

„Emil, **ich werde dir erklären** was los ist. Ich habe eine Truhe. Das ist das Foto."

Er holte es raus und zeigte es ihm.

„Die Truhe hat einen Code mit drei Zahlen. Diese drei Zahlen haben drei verschiedene Personen."

Emil fragte:

„Und was ist da drin?"

„Im Moment kann ich es dir nicht sagen."

„Warum habe ich eine dieser Zahlen?"

Arthur wollte nichts mehr erklären. Seine Mission war eine andere.

„Emil, nimm diesen **Brief** und lies ihn. Diesen Brief haben auch die anderen beiden Personen. Er ist identisch. Ich muss jetzt gehen. **Vertraue mir** und bis bald."

Arthur ging aus dem kleinen Haus. Der Brief lautete so:

«Hallo,

Dieser Brief ist an die drei Personen gerichtet, die diese drei Zahlen haben. Diese drei Zahlen öffnen eine Truhe, die in Köln ist. Ich möchte, dass ihr euch in drei Tagen an dieser

Stelle versammelt und die Truhe mit euren drei Zahlen öffnet.

Ich habe weiter nichts zu sagen. **In Kürze werdet ihr wissen,** wer ich bin. Doch heute ist nicht dieser Tag. Viel Glück.

Einen schönen Gruß,

Arthur»

Tage später versammelten sich David, Iris und Emil an der Stelle in Köln, die der Brief beschrieb.

„Hallo, ihr Beiden", sagte David.

„Hallo", antworteten Iris und Emil.

Die Drei schwiegen ein **paar Sekunden,** bis David schließlich sagte:

„Was machen wir hier?"

„Habt ihr alle den Brief gelesen?" fragte Iris.

„Ja", sagten sie.

„Öffnen wir die Truhe", sagten sie **zugleich.**

Sie gaben die Zahlen ihrer Goldketten ein, und die Truhe ließ sich öffnen. Darin lag ein **Stück Papier.**

Emil lachte:

„Ha ha! Alles wegen einem Stück Papier! Ich hoffe, dass es ein **Scheck** ist!"

„Wer möchte ihn lesen?", fragte Iris.

„Ich werde ihn lesen", sagte David.

David nahm das Papier aus der Truhe und las laut vor:

«Ich heiße Anna. Es tut mir sehr leid. Ich weiß, dass ich gerade nicht bei euch bin. Vor vielen Jahren war ich auch nicht bei euch. Wegen Problemen und meiner Arbeit musste ich das Haus verlassen. Ich habe meinen Bruder Arthur geschickt, damit er euch hier versammelt»

David **zitterten** die Hände.

„Lies weiter", sagte Iris.

«David, Iris, Emil. Ihr Drei seid Geschwister. Ich bin eure Mutter. Die Mutter, die sicht nicht um euch kümmern konnte, als ihr klein wart. **Ich schenkte** euch die Goldketten. Ich glaube, dass ich jetzt bereit bin. Ich möchte, dass ihr mir verzeiht».

David, Iris und Emil schauten sich an. Sie sahen eine Silhouette hinter sich. Sie drehten sich um und dort war sie: Es war Anna.

„Hallo, meine Kinder. "

Zusammenfassung

Arthur reist nach Berlin. Er nimmt ein Flugzeug mit Zwischenlandung in Hamburg. In Berlin lernt er einen Taxifahrer kennen. Mit dem Taxifahrer spricht er über die Veränderungen in Berlin. Er trifft die dritte Person; Emil. Er erhält die dritte Zahl. Er schickt allen einen Brief. Die Truhe enthielt einen Brief ihrer Mutter. Die Drei waren Geschwister.

Vokabeln

- **Die Zwischenlandung** = stop over
- **waren Sie schon einmal** = Have you ever been...?
- **die Art** = type
- **die Kunst** = art
- **Nehmen Sie** = take
- **Mit den Jahren** = over the years
- **Der Passant** = passerby
- **spazieren gehen** = to go for a walk
- **verwalten** = to manage
- **die Schuhe <u>ausziehen</u>** = to take off your shoes
- **die Falten** = wrinkles
- **der Hausherr** = landlord
- **einfacher** = simpler
- **die Anglerausrüstung** = fisheries equipement
- **sicherlich** = certainly

- **die Buch.... führte** = maintained the accounts
- **das Geschenk** = gift
- **nicht drum herum reden** = not beat around the bush
- **ich werde dir erklären** = I'll explain it to you
- **der Brief** = letter
- **vertraue mir** = trust in me
- **versammeln** = to gather; to collect
- **die Stelle** = location, position
- **in Kürze** = shortly
- **werdet ihr wissen** = you'll know
- **ein paar Sekunden** = some seconds
- **zugleich** = at the same time
- **das Papier** = paper
- **der Scheck** = check
- **zittern** = to shake
- **schenken** = to give as a gift

11. Arthur reiste zuletzt nach:
    a. München
    b. Berlin
    c. Düsseldorf
    d. Keine der vorherigen Antworten

12. Arthur sprach mit dem Taxifahrer über:
    a. Die Familie des Taxifahrers
    b. Seine Familie
    c. Die Neue Nationalgalerie Berlin
    d. Das Essen

13. Theodor, die dritte Person, lebte:
    a. Auf einem Berg
    b. In der Stadt
    c. In einem Dorf
    d. An einem See

14. Die Truhe enthielt:
    a. Einen Brief
    b. Einen Scheck
    c. Einen Plan
    d. Keine der vorherigen Antworten

15. David, Iris und Theodor waren:
    a. Cousins
    b. Geschwister
    c. Freunde
    d. Keine der vorherigen Antworten

11. b
12. c
13. d
14. a
15. b

6. Ferrg, der Drache

Kapitel 1 – Die Taverne

Es war einmal ein Drache auf einem **Turm**. Es war ein sehr großer und hoher Turm, voll mit **Zimmern** und vielen **Fenstern**. Sie nannten ihn Turm, aber er sah fast schon aus wie ein Dorf.

Was war so besonders an diesem Turm? Niemand ging dort hin. **Niemand traute sich**. Warum? **Etwas Böses** lebte auf diesem Turm. **Zumindest** dachten die Leute, dass es böse sei.

In diesem Turm lebte eine große Kreatur. Eine fliegende Kreatur mit großen **Schuppen**, und einem **Maul,** das **Feuer spuckte**. Mit diesem Feuer konnte sie ganze Städte **verbrennen**. Es war ein Drache, und er hieß Ferrg.

Die Bewohner der Stadt Mar erzählten viele Geschichten in den Tavernen. Die Tavernen waren voll mit durstigen **Dorfbewohnern**, die kamen, um etwas zu trinken und sich zu entspannen. Viele von ihnen verbrachten dort mehr Zeit als zuhause. Sie mochten die Geschichten von Drachen und aus vergangenen Zeiten**.**

Der **Wirt** sagte zu Josh, der **Stammgast** war:

„Ja, ja! Ich habe ihn gesehen! Es war ein gewaltiger Drache! Sehr groß! Große Schuppen! Die **Luft erhitzte** sich wenn er flog! Ich sah ihn an dem Tag, an dem ich **verreisen** wollte."

Josh lachte, während er einen **Schluck** Bier trank.

„Ha! Das ist eine **Lüge**! Du hast Ferrg noch nie gesehen!"

„Doch, ich habe ihn gesehen! Ich sah ihn, bevor die Leute ihn Ferrg nannten."

„Du bist ein Lügner. Los, gib mir noch ein Bier."

Der Wirt nahm einen **Krug** und füllte ihn mit Bier. Josh nahm den Krug und **schluckte**. Er trank fast das ganze Bier **in einem Zug** aus.

Der Wirt fragte ihn:

„Und du, Josh? Hast du Ferrg gesehen?"

„Habe ich nicht! Aber ich **behaupte** auch nicht, dass ich ihn gesehen habe!"

„Bah!"

Der Wirt machte eine abwertende Geste und ging andere **durstige Dorfbewohner bedienen**. Josh blieb alleine am **Tresen**. Er trank sein Bier und schlief langsam ein. Ohne Vorwarnung ertönte ein lautes Geräusch, und die ganze Schenke **bebte**.

Die Dorfbewohner waren **beunruhigt**.

„Was war das?"

„Die ganze Taverne hat gebebt!"

„Vorsicht!"

Man hörte ein gewaltiges **Brüllen**, und die Taverne bebte noch einmal. Der Drache Ferrg flog über die Taverne hinweg. Die Fensterscheiben und einige Bierkrüge zerbrachen.

175

Der Wirt sagte zu allen:

„Los! **Raus hier**!"

Niemand bewegte sich.

„Seid ihr **taub**? Raus hier!" wiederholte er.

„Los, los", sagte er während er sein Bier austrank, „geht denn niemand hier weg?"

Draußen vor der Taverne hörte man die **Drachenflügel** schwingen. Die Leute hatten Angst.

In der Taverne war es ruhig.

„Wird mir jetzt jemand zuhören?"

Die Bewohner schauten Josh an.

Er stellte den Krug auf den Tresen und stand auf. Er stellte sich in die Mitte der Taverne und begann, von seinen Abenteuern zu **berichten**.

„**Niemand glaubt mir**! Aber ich kannte den Drachen!"

Normalerweise lachten sie über ihn, doch diesmal waren sie erschrocken. Man hörte viel Lärm vor der Taverne. Der Drache flog immer wieder darüber hinweg, doch er schien nichts weiter zu tun.

Ein Dorfbewohner sagte:

„Ach, ja? Warum gehst du nicht raus und sagst ihm, dass er gehen soll?"

Josh schaute den Bewohner an und antwortet ihm:

„Würdest du das Dorf verlassen, wenn ich dich darum bitten würde?"

Die Leute fingen an zu lachen und ihre Angst wurde etwas weniger. Josh nutzte diesen Moment, um es zu erklären.

„Ich war Wächter im Imperium! Sie schickten uns einmal zu einem Turm, hier in der Nähe. Es war ein sehr hoher Turm. Er sah aus wie ein Dorf in **Trümmern**. Darin fanden wir den Drachen. Niemand starb, es gelang mir mit ihm zu reden."

„Lüge.", schrie der Wirt.

„**Wahrheit**.", sagte Josh.

„Lüge!"

Josh ignorierte den Wirt.

„Ich werde da raus gehen**!**", sagte er, auf die Tavernentür zeigend. „Will jemand mit mir kommen?"

Sekundenlang sagte niemand etwas... Der Wirt sprach:

„Jetzt ist **Schluss mit dem Quatsch!** Ich werde mit dir gehen. **Ich ertrage es nicht,** dass du so lügst."

„Na gut. Komm mit mir. Kommt noch jemand mit?"

Niemand sprach. Niemand bewegte sich. Es war still in der Taverne. Der Drache flog weiterhin über sie hinweg. Jedes Mal, wenn er die Flügel bewegte, bebte die Taverne.

Der Wirt guckte die Bewohner an und sagte:

„Keiner nimmt Bier **ohne zu bezahlen**!"

Josh sagte zu ihm:

„Du bist ein **Geizkragen**!"

„Lass uns jetzt rausgehen."

Der Wirt und Josh gingen hinaus. Die Leute vom Dorf
rannten von einer **Seite** zur anderen. Die Kinder
kreischten und **heulten**, und die Männer nahmen ihre
Schilder, um ihre Familien zu **beschützen**.

Josh versuchte die Leute zu beruhigen:

„Habt keine Angst! Ferrg ist harmlos**.**"

Doch niemand glaubte ihm. Die Leute hatten große Angst vor
dem Drachen. Man erzählte **schreckliche** Geschichten über
ihn. Man sagte, dass der Turm**,** in dem er vorher gewohnt
hatte, ein Dorf gewesen sei. Solch ein Dorf, wie das, in dem
sie jetzt lebten. Falls man ihn wütend machte, **würde sich**
dieses Dorf in seine **neue Heimat verwandeln**.

Josh sah, wie der Drache wieder über sie hinweg flog.

„Einen **Bogen**! Kann mir jemand einen Bogen geben?"

Eine Bewohnerin näherte sich und gab ihm einen Bogen.

„Wirst du ihn töten?", fragte sie Josh.

„Nein. Nicht mit 100 Bögen könnte ich das. Seine Schuppen
sind sehr stark."

„Wofür willst du einen Bogen?"

„Dafür."

Josh nahm den Bogen und schoss einen **Pfeil** in die Luft,
während der Drache flog. Der Drache flog weiter.

„Ich werde noch einmal schießen", sagte er.

Er nahm erneut den Bogen und schoss nah an ihm vorbei.
Der Drache sah den Pfeil und landete auf dem Dorfplatz.

„JOOOOOSSSSHHHHHH...?", sagte der Drache.

Der Wirt erschrak.

„Diese Stimme ist vom...? Ist vom...?"

„Ja, es ist Ferrg und er ruft mich."

Anhang zu Kapitel 1

Zusammenfassung

Ferrg war ein Drache, der in einem hohen und sehr großen Turm lebte. Die Dorfbewohner fürchteten den Drachen. Man erzählte sich erschreckende Dinge über ihn. Der Wirt der Taverne sprach mit Josh, und dieser sagte, dass er den Drachen kennt. Der Wirt glaubte ihm nicht, bis Ferrg im Dorf auftauchte und nach Josh rief.

Vokabeln

- **der Drache** = dragon
- **Es war einmal** = once upon a time
- **der Turm** = tower
- **die Zimmer** = rooms
- **die Fenster** = windows
- **Niemand traute sich** = no one dared
- **böse** = evil
- **zumindest** = at least
- **die Schuppen** = scales
- **das Maul** = the mouth
- **Feuer spucken** = to spit fire
- **verbrennen** = to burn down
- **die Dorfbewohner** = villagers
- **der Wirt** = bartender
- **der Stammgast** = regular customer
- **die Luft** = air
- **erhitzte** = heated, warmed
- **verreisen** = go on a trip, travel
- **der Schluck** = the sip

- **die Lüge** = the lie
- **der Krug** = beer mug
- **schlucken** = to gulp, swallow
- **in einem Zug** = in one go
- **behaupten** = to presume
- **die durstigen Dorfbewohner** = thirsty villagers
- **bedienen** = serve
- **der Tresen** = bar (of the tavern)
- **beben** = to tremble, shake
- **beunruhigt** = worried, unsettled
- **das Brüllen** = roar, howl
- **Raus hier!** = Get out of here!
- **taub** = deaf
- **Raus hier!** = get out!
- **die Drachenflügel** = dragon wings
- **berichten** = to report
- **niemand glaubt mir** = nobody believes me
- **die Trümmer** = ruins
- **Die Wahrheit** = the truth
- **Schluss mit dem Quatsch** = enough nonsense!
- **Ich ertrage es nicht** = I can't stand it
- **ohne zu bezahlen** = without paying
- **der Geizkragen** = miser, scrooge
- **die Seite** = side, place
- **kreischen** = to shriek
- **heulen** = to bawl
- **die Schilder** = shields
- **beschützen** = to protect
- **erschreckend** = frightening
- **neue Heimat** = new home
- **würde sich...verwandeln** = would transform

181

- **der Bogen** = bow
- **der Pfeil** = arrow

Fragen im Auswahlverfahren
Wählen Sie nur eine Antwort je Frage aus

1. Der Drache lebte in:
   a. Einem Dorf
   b. Einer Stadt
   c. Einem Berg
   d. Einem Turm

2. Die Leute dachten, der Drache war:
   a. Gut
   b. Böse
   c. Sie kannten ihn nicht

3. Josh sagte zum Wirt, dass er:
   a. Den Drachen getötet hat
   b. Die beiden Drachen getötet hat
   c. Ferrg kannte
   d. Einen anderen Drachen kannte

4. Der Wirt sagte zu Josh, dass:
   a. Er ein Lügner ist
   b. Er ein Held ist
   c. Er dumm ist
   d. Keine der vorherigen Antworten

5. Als Ferrg im Dorf auftaucht:
   a. Kämpft Josh gegen ihn
   b. Kämpft der Wirt gegen ihn
   c. Besucht Josh ihn
   d. Gehen der Wirt und Josh zu ihm

1. d
2. b
3. c
4. a
5. d

Kapitel 2 – Der Schmied

Josh näherte sich dem Drachen **Schritt für Schritt**. Er war wirklich groß. Der Wirt war sehr erschrocken, und er traute sich nicht näher heran.

„Du willst dich wirklich dem Drachen nähern? Er ist **gefährlich,**" sagte er zu Josh.

„Er ist nicht gefährlich. Ich kenne ihn."

„Ich glaube es immer noch nicht!"

„Jetzt wirst du es sehen."

Die Leute rannten durch das Dorf. Die Kinder heulten noch mehr, und die Familien **flüchteten**. Die Leute schrien, wenn sie den Drachen sahen. Ferrg tat nichts. Er stand still auf dem Dorfplatz. Er schaute die Menschen **neugierig** an.

Als Ferrg den Kopf drehte, sah er Josh mit dem Wirt gehen.

Ferrgs Flügel bewegten sich so sehr, dass ein **Luftstrom** entstand. Der Luftstrom durchfuhr das Haar der beiden Männer. Josh wusste, dass der Drache ihn **wiedererkannt** hatte.

„Josh!", sagte der Drache mit einer **sehr tiefen Stimme .**

„Hallo, Ferrg."

„Du weißt, dass ich es nicht mag, wenn du mich so nennst."

Der Wirt schaute Josh an und sagte:

„Er kennt dich!"

„Klar kennt er mich. Das habe ich dir tausend Mal gesagt."

„Sieh einer an… Also ist es wahr… Und warum mag er nicht, dass du ihn Ferrg nennst? Ist das nicht sein Name?"

„Nicht ganz."

Der Drache bewegte einen seiner enormen Füße nach vorn und näherte seinen großen Kopf dem Kopf des Wirtes. Der Wirt erschrak und war wie **gelähmt**.

„Was macht er…?",fragte er Josh.

„Er beobachtet dich….. Er ist ein neugieriger Drache."

„Wird er mich fressen?"

„Nein! Er frisst keine Menschen."

Ferrg öffnete das Maul um zu sprechen. Er hatte **sehr schlechten Atem**. Der Wirt zog ein **angeekeltes Gesicht**. Schließlich sagte der Drache:

„Wer bist du?"

„Ich…Ich..", stotterte der Wirt, ohne einen Satz sagen zu können.

Josh sprach mit Ferrg.

„Das ist der Wirt aus unserem Dorf."

„Ein Wirt…", sagte der Drachen **verwundert**, „was ist ein Wirt?"

„Jemand der Essen und Getränke **anbietet**."

„Dann ist er ein guter Mann!"

Der Drache bewegte nochmals seine Flügel und schuf einen weiteren Luftstrom.

Der Wirt sagte:

„Er ist gar nicht so böse, wie er scheint! Er mag mich!"

Josh sprach wieder mit dem Drachen:

„Warum kamst du hierher? Du wolltest nie zu meinem Dorf kommen."

„Ich weiß, aber ich muss euch vor etwas warnen."

Der Wirt fragte nochmals nach:

„Josh, warum mag er es nicht, dass man ihn Ferrg nennt?"

„Den Namen Ferrg gaben ihm die Menschen. Er heißt nicht so. **Lass mich noch ein bisschen mit ihm reden.** Geh zurück in die Taverne."

Der Wirt rannte die Straße zurück und ging in die Taverne. Er schloss die Tür und **sperrte sie mit dem Schlüssel ab**.

„Was für eine Warnung ist das denn?"

„Ein anderer Drache ist auf dem Weg hierher."

„Ein anderer? Gibt es noch mehrere so wie dich?"

„Es gibt sie. Aber wir sind **selten**. Wir sind sehr wenige. Es gibt fast keine Drachen mehr auf dieser Welt."

„Und warum musst du uns vor ihnen warnen?"

Der Drachen schaute zum Himmel, als ob er etwas **suche**. Ob er wohl den anderen Drachen suchte?

„Er kann jeden Moment kommen. Er ist kein guter Drache. Er ist ein böser Drache. Ich will nicht, dass er **unschuldige** Menschen verletzt."

„Und was wirst du tun?"

„Ich kämpfe gegen ihn, falls es nötig ist."

„Kennst du den anderen Drachen?"

„Ja, er ist älter und größer als ich."

Josh dachte nach. Größer als er. Er war ja schon riesig. Er konnte sich keinen größeren Drachen vorstellen. Er dachte, es gäbe nur einen Drachen. Josh sagte zu ihm:

„Was willst du von uns?"

„Euer **Schmied** muss eine Waffe herstellen."

„Eine **Waffe**, sagst du?"

„Ja. Ich weiß, welche Materialien wir **benötigen**. Aber wir müssen den Schmied **überzeugen** uns zu helfen. Und das ist schwer. Die Menschen mögen mich nicht. Ich verstehe nicht, warum."

Josh ging etwas näher an den Drachen heran und setzte sich auf den **Rand** eines **Brunnens**.

„Sie denken, du zerstörst Dörfer. Es existieren Legenden. Die Legenden erzählen von erschreckenden und bösen Dingen. Die Leute hören diese Legenden und denken, dass alle Drachen böse sind."

„Aber das ist eine Lüge. Woher wissen sie, dass ich böse bin, wenn sie mich doch gar nicht kennen?"

„So sind wir Menschen eben. **Misstrauisch**."

Der Drache **knurrte**. Es kam etwas Feuer aus seinem Maul.

„Wirst du mir helfen, Josh?"

„Der Schmied wohnt auf dem **Hügel.** Flieg dort hin. Ich komme gleich."

Der Drache ergriff Josh ohne Vorwarnung mit einem seiner Füße und flog zum Hügel des Schmiedes.

„Halt! Halt! Stop! **Lass mich los!**", schrie Josh, während er seine Füße vom Boden abheben sah.

„Bleib ruhig, Josh. So kommen wir früher an."

Der Schmied stand auf dem Hügel. Er arbeitete viel. Als Josh und der Drache ankamen, **schmiedete** er gerade ein **Schwert**. Der Schmied sah den Drachen kommen, doch er war nicht überrascht. Josh war beunruhigt.

Der Drache hielt neben dem Schmied an und ließ Josh auf den Boden. Josh sagte zum Schmied:

„Hallo, Martin."

„Hallo, Josh."

„Ich weiß nicht, ob du ihn siehst, aber hier ist ein Drache und..."

„Ich weiß. Muss ich denn erschrecken?"

Ferrg sagte:

„Ein Mensch, der nicht vor mir erschrickt!"

„Natürlich erschrecke ich nicht vor dir. Ich weiß, dass du nicht gefährlich bist. Mein Vater hat mir von dir erzählt."

„Dein Vater?"

„Er hat dich vor vielen Jahren kennengelernt."

Josh sagte zu Martin, dem Schmied:

„Martin, ich möchte, dass du eine Sache herstellst."

„Wofür?"

„Es ist eine Waffe, um einen Drachen zu töten."

„Um einen Drachen zu töten? Ich will keine Drachen töten!"

„Martin, es gibt noch einen anderen Drachen, und er ist böse. Wenn er ins Dorf kommt, wird er alles zerstören."

„Woher weißt du das?"

„Das hat mir Ferrg gesagt."

Der Drache knurrte erneut. Er mochte diesen Namen nicht.

Martin schaute zuerst den Drachen und dann Josh an.

„Na gut? Welche Materialien brauchen wir?"

Der Drache erklärte ihm, was er herstellen sollte.

„Ich habe alle Materialien", sagte Martin, „aber es fehlt mir eins: das rote **Eisen**."

„Was ist das rote Eisen?", fragte Josh.

„Es ist ein sehr wertvolles Material. Nur der **Bürgermeister** besitzt es. Du musst mit ihm sprechen."

Anhang zu Kapitel 2

Zusammenfassung

Josh und der Wirt gingen zu Ferrg, dem Drachen, um mit ihm zu reden. Ferrg sagte ihnen, dass noch ein böser Drache existiert. Ferrg wollte das Dorf verteidigen, da sich der böse Drache näherte. Josh und der Drache fragten den Schmied Martin, ob er eine Waffe herstellen kann, um dem Drachen zu helfen, das Dorf zu verteidigen.

Vokabeln

- **Schritt für Schritt** = step by step
- **gefährlich** = dangerous
- **flüchten** = escape
- **neugierig** = curiously
- **der Luftstrom** = stream of air
- **wiedererkennen** = to recognise
- **sehr tiefe Stimme** = very deep voice
- **gelähmt** = paralysed, lamed
- **sehr schlechten Atem** = very bad breath
- **angeekeltes Gesicht** = disgusted face
- **verwundert** = puzzled
- **anbieten** = to offer
- **lass mich noch ein bisschen mit ihm reden** = let me talk to him for a while
- **sperrte mit dem Schlüssel ab (absperren)** = locked with the key (to lock up)
- **selten** = rare
- **suchen** = search
- **unschuldig** = innocent

191

- **Der Schmied** = blacksmith
- **herstellen** = manufacture, make
- **die Waffe** = weapon
- **benötigen** = to need
- **überzeugen** = to convince
- **der Rand** = edge
- **der Brunnen** = well
- **misstrauisch** = mistrustful
- **knurren** = to growl
- **der Hügel** = hill
- **lass mich los** = let me free
- **schmiedete** = was forging
- **das Schwert** = sword
- **das Eisen** = iron
- **der Bürgermeister** = mayor

Fragen im Auswahlverfahren
Wählen Sie nur eine Antwort je Frage aus

6. Der Drache warnt vor:
    a. Einer Katastrophe
    b. Einem bösen Mann
    c. Einem bösen Drachen
    d. Keine der vorherigen Antworten

7. Der Drache wollte:
    a. Einen Bogen herstellen
    b. Eine Waffe herstellen
    c. Drachenschuppen herstellen
    d. Keine der vorherigen Antworten

8. Josh sagte zum Drachen, dass:
    a. Sie mit dem Bürgermeister reden müssen
    b. Sie mit dem bösen Drachen reden müssen
    c. Sie zurück zur Taverne müssen
    d. Sie mit dem Schmied reden müssen

9. Der Schmied:
    a. Erschrak nicht vor dem Drachen.
    b. Erschrak vor dem Drachen.
    c. Versuchte, den Drachen zu töten
    d. Keine der vorherigen Antworten

10. Der Schmied brauchte:
    a. Rotes Eisen
    b. Schwarzes Eisen
    c. Gelbes Eisen
    d. Nichts, er hatte alles

6. c
7. b
8. d
9. a
10. a

Kapitel 3 – Der rote Dolch

Der Bürgermeister saß im Rathaus. Das **Rathaus** war ein großes und prächtiges Gebäude mit vielen **Ornamenten**. Dort hatte der Bürgermeister viele Arbeiter und **Untertanen**, die für ihn arbeiteten.

Josh hatte sich entschieden, erst mit dem Schmied zu reden und danach mit dem Bürgermeister. Er brauchte das rote Eisen, um die Waffe herzustellen.

Als Josh **im Begriff war**, die **Rathaustür** zu öffnen, grüßte ihn der Wirt:

„Josh!"

„Hallo nochmal." antwortete er ihm.

„Hast du noch mit dem Drachen gesprochen?"

„Ja, das habe ich."

Josh wusste nicht, ob er ihm erzählen sollte, dass der Drache Ferrg ihn vor einem bösen Drachen gewarnt hatte. Die Leuten vom Dorf mochten die Drachen nicht. Er konnte nicht dem ganzen Dorf erzählen, dass ein böser Drache existiert.

„Und was hat er gesagt?", fragte ihn der Wirt.

„Ich werde dir etwas erzählen, aber sag es niemandem."

„Sprich, Josh."

„Du hast ja gesehen, das Ferrg ein lieber Drache ist. Aber es existiert noch ein anderer, der böse ist."

„Ein böser Drache?"

„Ja, aber bitte sag es nicht den Leuten, sonst **verbreitet sich Panik**."

„Verstanden. Ich gehe zur Taverne. Bis später, Josh. Wir reden später."

Josh öffnete die Rathaustür und bat einen Wächter, den Bürgermeister sehen zu dürfen.

„Es ist eine sehr wichtige **Angelegenheit**", sagte er zu ihm.

Der Wächter brachte Josh in die **Gemächer** des Bürgermeisters. Er saß dort und aß eine **Hähnchenkeule.**

„Was willst du?", fragte der Bürgermeister.

„Ich möchte mit Ihnen sprechen, Bürgermeister."

„Beeil dich. Ich bin **beschäftigt.**"

Josh **redete nicht lange um den heißen Brei herum** und erzählte ihm die Geschichte von Ferrg und die vom bösen Drachen**.**

„Ich brauche rotes Eisen, um die Waffe herzustellen und Ferrg zu helfen."

„Du willst rotes Eisen? Rotes Eisen ist sehr **teuer**! Ich traue diesem Drachen nicht!"

„Er ist lieb!"

„Das glaube ich nicht!"

Josh **hatte keine andere Wahl**. Er hatte einen Bogen auf seinem **Rücken**. Es war derselbe Bogen, den er beim ersten

Mal benutzt hatte, um Ferrg zu rufen. Er nahm den Bogen und schoss einen Pfeil aus dem Fenster.

Ferrg erschien auf dem **Dach** des Rathauses und steckte den Kopf durch das Fenster. Das Glas zerbrach.

„Rotes Eisen, bitte.“

Josh lachte und sagte zum Bürgermeister:

„Gib es ihm.“

Der Bürgermeister brachte eine kleine **Ladung** rotes Eisen und gab sie dem Drachen.

„Dafür wirst du büßen, Josh!“

Der Drache brachte es zum Schmied Martin und der stellte die Waffe her. Josh floh aus dem Rathaus und aus dem Dorf. Die Wächter **verfolgten** ihn.

Ferrg nahm die Waffe, die Martin hergestellt hatte. Es war ein roter Dolch. Martin sagte zu ihm:

„Drache, **sei vorsichtig** mit dieser Waffe.“

„Danke, Schmied.“

Der böse Drache **tauchte** am **Himmel auf**. Er war **doppelt so groß** wie Ferrg.

„Geh weg, Drache“, sagte Martin.

Ferrg flog auf den bösen Drachen zu. **Am Anfang** wusste der böse Drache nicht, ob Ferrg Freund oder **Feind** war. Doch als er den roten Dolch sah, versuchte er, **ihm diesen zu stehlen.**

Ferrg **kämpfte** gegen den bösen Drachen. Sie kämpften eine ganze Weile lang, bis Ferrg am Ende den roten Dolch in den **Körper** des bösen Drachen **stieß**. Der böse Drache stürzte in einen Wald.

Leider starb Ferrg in diesem Kampf. Viele Jahre lang sah man keine Drachen mehr in der Nähe. Der rote Dolch verschwand aus dem Körper des Drachen. Josh nahm ihn und sagte:

„Endlich halte ich den roten Dolch in meinen Händen."

Dies war schon immer Joshs Plan. Josh war früher **kaiserlicher** Wächter. Die Hauptstadt des Kaiserreichs, weit weg von diesem Dorf, suchte schon seit langer Zeit rotes Eisen. Doch sie wussten nicht, wo man es finden konnte. Mit rotem Eisen konnte man so **mächtige** Waffen herstellen **wie** den roten Dolch.

Josh flüchtete aus dem Dorf und ging in die Hauptstadt des Imperiums. Dort übergab er dem **Kaiser** den roten Dolch und dieser sagte:

„Du hast mir sehr gut **gedient**, Josh."

„Danke, mein Kaiser."

„Sag mir, sind die beiden Drachen **tot**?"

„Ja, das sind sie."

„**Verdächtigt** dich jemand**?**"

„Ich glaube nicht."

Schließlich sagte der Kaiser:

„Du hast deine Mission **erledigt**, Josh. Nimm das versprochene Gold. Du kannst gehen."

Josh fühlte einen **schmerzenden Stich** der **Reue** wegen Ferrg. In **Wirklichkeit** hatte er ihn **lieb gewonnen**. Eine **Träne** lief ihm über das Gesicht, als er für immer aus der Stadt zog.

Anhang zu Kapitel 3

Zusammenfassung

Josh spricht mit dem Bürgermeister, um rotes Eisen zu holen und eine Waffe herzustellen. Der Bürgermeister will ihm das Eisen nicht geben, sodass er schließlich Ferrg ruft. Ferrg nimmt das rote Eisen, und der Schmied Martin stellt einen roten Dolch her. Ferrg kämpft gegen den bösen Drachen und beide sterben. Josh übergibt dem Kaiser den roten Dolch. Rotes Eisen für den Kaiser zu holen, war immer sein einziger Plan gewesen.

Vokabeln

- **der Dolch** = dagger
- **das Rathaus** = town hall
- **die Ornamente** = ornaments
- **die Untertanen** = subjects
- **im Begriff war** = was about to...
- **die Rathaustür** = town hall door
- **verbreitet sich Panik** = spread panic
- **sehr wichtige Angelegenheit** = very important matter
- **die Gemächer** = chambers
- **die Hähnchenkeule** = chicken thigh
- **beschäftigt** = busy
- **um den heißen Brei herumreden** = beat around the bush
- **teuer** = expensive
- **hatte keine andere Wahl** = had no other option
- **der Rücken** = back

200

- **das Dach** = roof
- **die Ladung** = load
- **dafür wirst du büßen** = you will pay for it
- **verfolgten** = chase
- **sei vorsichtig** = be careful
- **der Himmel** = sky
- **doppelt so groß** = twice as big (as)
- **am Anfang** = at first
- **der Feind** = enemy
- **stehlen** = steal
- **kämpfte** = fought
- **der Körper** = body
- **stieß** = stabbed
- **leider** = unfortunately
- **kaiserlich** = imperial
- **genauso mächtig...wie** = as powerful as
- **der Kaiser** = the emperor
- **gedient** = served
- **tot** = dead
- **verdächtig** = suspect
- **etwas erledigen** = to carry out
- **schmerzender Stich** = painful stab
- **die Reue** = regret
- **die Wirklichkeit** = reality
- **jemanden lieb gewinnen** = to grow fond of someone
- **die Träne** = tear

Fragen im Auswahlverfahren
Wählen Sie nur eine Antwort je Frage aus

11. Um mit dem Bürgermeister zu reden, ging Josh:
    a. Zum Rathaus
    b. In den Wald
    c. Zur Hauptstadt
    d. Zur Schmiede

12. Bevor er in das Rathaus ging, sprach er mit:
    a. Martin
    b. Ferrg
    c. Dem bösen Drachen
    d. Dem Wirt

13. Der Bürgermeister:
    a. Half Josh
    b. Half Josh nicht
    c. Half Josh unter einer Bedingung
    d. Keine vorherige Antwort

14. Der Schmied stellte:
    a. Einen roten Bogen her
    b. Einen roten Dolch her
    c. Ein rotes Schwert her
    d. Einen roten Pfeil her

15. Joshs Plan war schon immer,:
    a. Ferrg zu töten
    b. Die Drachen zu töten
    c. Rotes Eisen für den Kaiser zu stehlen
    d. Keine vorherige Antwort

11. a
12. d
13. b
14. b
15. c

7. Unbekannte Länder

Kapitel 1 – Neue Länder

Vor Hunderten von Jahren gab es ein Volk. Dieses Volk hieß die Wikinger. Die Wikinger lebten im Norden Europas, und ihre Länder waren sehr kalt und **kaum fruchtbar**. Man sagt, dass sie auch **aus diesem Grund** neue Länder suchten.

In einem Dorf namens Asglor lebte ein Junge, nicht älter als zwanzig Jahre, der Thoric hieß. Thoric war für sein Alter sehr stark und **mutig**; ein **reifer** Junge. Er war sehr groß, hatte langes braunes Haar, eine **markante** Nase, einen breiten Mund und kräftige Arme und Beine.

Thoric kam, wie jeden Tag, vom **Jagen** zurück und sprach mit dem **Kundschafter** Niels. Niels verbrachte normalerweise viel Zeit **außerhalb** des Dorfes Asglor. Er erkundete neue Gebiete, um sie zu kultivieren.

Das Dorf Asglor war sehr ruhig. Es war noch sehr früh morgens. Das Sonnenlicht war sehr **schwach**. Niels sah Thoric vom Jagen zurückkommen. Er grüßte ihn und **winkte**.

„Thoric!"

„Hallo, Niels. Bleibst du noch im Dorf?"

„Ja, Junge. Ich bleibe noch zwei Tage im Dorf."

„Und wo gehst du dann hin?"

„Keine Ahnung. Eskol sagt, dass der Ort **weit weg** ist."

Thoric respektierte Eskol, ihren Häuptling. Er war ein großer Mann mit starken **Muskeln** und den längsten schwarzen Haaren, die er je gesehen hatte. Seine Stimme war sehr tief. Er respektierte ihn, doch Eskol war ein sehr **strenger** Mann und manchmal sehr **grausam**. Aber Thoric **war sich sicher**, dass er **im Grunde** ein einfacher und guter Mann war.

„Hat Eskol neue Pläne?" fragte Thoric.

„Ja. Er hat nicht gesagt, was für welche. Er sagte nur, das **diesmal** weit entferntes Land erforscht werden muss."

Häuptling Eskol **schickte Patrouillen** aus dem Dorf, um neue Länder zu erkunden. Das Dorf war ein kleiner Ort **neben den Bergen** und einem kleinen Fluss, der zum Meer führte. Doch im Winter, wenn die Tiere **auswanderten**, wurde die Nahrung **knapp**. Ihr Chef Eskol wollte neue fruchtbare Länder finden.

„Ich will keine Probleme mehr, weil es an Nahrung **mangelt**." sagte Thoric zu Niels.

„Ich auch nicht. Meine Kinder brauchen besseres Essen. Ich kann ihnen nicht immer nur Fleisch geben."

Thoric hatte niemals die Kinder von Niels kennen gelernt, doch er wusste, wer sie waren. Manchmal waren sie bei einigen Expeditionen der Gruppe dabei.

„Niels, **ich werde schauen, ob meine Familie** das Fleisch der Tiere, die ich heute gejagt habe, verkaufen kann."

„Na gut, Junge."

Thoric ging zu seinem Haus zurück und sprach mit seinen Eltern und seiner Schwester. Seine Familie waren **Bauern**. Sie **bestritten ihren Lebensunterhalt** mit dem wenigen Land, dass sie kultivieren konnten und verkauften das Fleisch der Tiere, die Thoric jagte.

In dieser Nacht schlief er nicht gut. Er dachte sehr viel nach. Was wollte Eskol? Wozu soviele **Geheimnisse**? Was war das für eine neue Expedition in diese **geheimnisvollen** Länder?

Zwei Tage später ging Thoric wieder jagen. **Jeden Tag gab es weniger Tiere** in den Bergen. Der Winter war nah, und es wurde immer schwieriger, eine **große Beute** zu finden. Als er wieder jagen ging, begegnete er Niels erneut. Diesmal sah er nervös aus.

„Thoric! Komm schnell!"

„Was ist, Niels? Warum so eine Eile?"

„Häuptling Eskol hat das ganze Dorf gerufen."

„Wird er uns seinen Pläne verraten?"

„Bestimmt! Komm! **Lass das im Haus** und gehen wir!"

Thoric ging zum Haus zurück und ließ die gejagten Tiere dort. Seine Familie war nicht da. Sie waren schon vor ihm zu Eskols Versammlung gegangen. Niels wartete vor dem Haus, um sich mit seiner Familie zu treffen.

„Meine Familie ist nicht hier", sagte Thoric. „Sie sind im 'Großen Saal'."

Der „Große Saal" war Häuptling Eskols Haus. Dort lebte er mit seiner Frau und seinen vier Kindern. Viele Arbeiter **kümmerten** sich um die Familie und die **Dorfangelegenheiten**.

Der „Große Saal" war ein sehr großes Holzhaus mit Ornamenten und Statuen der **Götter**, zu denen die Wikinger **beteten**. Im „Großen Saal" wurden auch Versammlungen abgehalten. Der Häuptling Eskol versammelte alle, wenn es irgendeine Angelegenheit gab, die dem Dorf mitgeteilt werden sollte. **Und so tat er es auch dieses Mal.**

Thoric und Niels betraten den „Großen Saal". Da waren viele Leute, und es war sehr heiß. Alle Dorfbewohner waren versammelt und warteten. Eskol war nicht da, jedoch saß seine Frau auf einem Stuhl. Seine vier Kinder, drei Jungen und ein Mädchen, spielten in einer **Ecke** des Saales.

Als Eskol auftauchte, verstummten alle. Er kommandierte viel und obwohl er streng war, liebte er sein Volk.

Er begann zu sprechen:

„Geliebtes Volk von Asglor. Während vielen Wintern haben wir gehungert. Unsere Nahrung reicht im Winter nicht aus. Darum **haben wir**, die Kundschafter und ich, **eine Entscheidung getroffen**."

Die Leute fingen an zu **murmeln**.

„**Wir werden nach Westen segeln**. Es gibt keine fruchtbaren Länder mehr in der Nähe, aber hinter dem **Meer** gibt es sie."

Niels sagte:

„Aber Eskol, wissen wir, ob es Land im Westen gibt?"

„Das wissen wir."

„Wie denn? Keiner von uns hat es gesehen."

Der Häuptling Eskol schaute auf sein Volk, das ihn **besorgt** ansah. Endlich sagte er:

„Ein Mann, ein Wikinger, hat es mir gesagt. Er reiste in den Westen und fand Land. Als er zum Dorf Asglor zurückkehrte, starb er, doch vorher erzählte er mir davon."

Die Leute schauten Eskol immer noch besorgt an.

„Geliebtes Volk von Asglor. Ich weiß, dass es nicht viel ist, aber **wir müssen es riskieren**. Wir reisen in einem Monat."

Anhang zu Kapitel 1

Zusammenfassung

Der Wikinger Thoric ist ein Jäger. Er lebt in einem Dorf namens Asglor. Das Dorf liegt neben den Bergen und einem Fluss, der zum Meer fließt. Der Häuptling Eskol regiert das Dorf Asglor und Niels ist sein Kundschafter. Niels kennt Thoric schon seit langer Zeit. Der Häuptling Eskol sagt seinem Volk in einer Versammlung, dass sie nach Westen segeln müssen, um neue Länder zu finden.

Vokabeln

- **kaum fruchtbar** = not very fertile
- **aus diesem Grund** = for that reason
- **mutig** = brave
- **reif** = mature
- **markant** = distinctiv
- **jagen** = to hunt
- **der Kundschafter** = scout
- **außerhalb** = outside
- **schwach** = weak
- **winkend** = waving
- **der Häuptling** = chief
- **weit weg** = far away
- **die Muskeln** = muscles
- **streng** = strict
- **grausam** = cruel
- **war sich sicher** = (he) was sure
- **im Grunde** = in essence
- **diesmal** = this time

- **schickte Patrouillen** = sent patrols
- **neben den Bergen** = next to the mountains
- **<u>aus</u>wandern** = to emigrate
- **knapp werden** = to get in short supply
- **mangeln** = to have a shortage of, to lack
- **ich werde schauen ob meine Familie...** = I'm going to see if my family...
- **der Bauer** = farmer
- **bestritten ihren Lebensunterhalt** = (they) made a living
- **das Geheimnis** = secret
- **geheimnisvoll** = mysterious
- **jeden Tag gab es weniger Tiere** = each day there were fewer animals
- **große Beute** = big prey
- **lass das im Haus** = leave it in the house
- **die Versammlung** = meeting
- **sich um etwas kümmern** = to look after, take charge of something
- **die Dorfangelegenheiten** = village matters
- **die Götter** = gods
- **beten** = to pray
- **und so tat er es dieses Mal** = and so he did this time
- **kommandierte** = command (respect)
- **die Ecke** = corner
- **haben wir....eine Entscheidung getroffen** = we've come to a decision
- **wir werden ..segeln** = we're going to sail
- **murmeln** = mumble
- **das Meer** = sea
- **besorgt** = concerned, worried
- **wir müssen es riskieren** = we have to risk it

Fragen im Auswahlverfahren

Wählen Sie nur eine Antwort je Frage aus

1. Thoric ist:
   a. Ein Kundschafter
   b. Ein Jäger
   c. Der Häuptling
   d. Ein Bauer

2. Niels ist:
   a. Ein Kundschafter
   b. Ein Jäger
   c. Der Häuptling
   d. Ein Bauer

3. Das Dorf Asglor ist:
   a. Neben einer Wüste
   b. Neben einem Meer
   c. Neben den Bergen
   d. In der Mitte des Meeres

4. Eskol ist:
   a. Der Kundschafter
   b. Der Priester
   c. Ein Bauer
   d. Der Häuptling des Dorfes

5. Eskol will:
   a. Nach Osten reisen
   b. Nach Norden reisen
   c. Nach Süden reisen
   d. Nach Westen reisen

Lösungen Kapitel 1

1. b
2. a
3. c
4. d
5. d

Kapitel 2 – Das Meer

Es **verstrich** ein Monat. Es war ein sehr langer Monat, denn die Leute von Asglor wussten, dass der Winter nah war. Sie wollten gutes Essen und keinen **Nahrungs**mangel. Die Schiffe waren fast **fertig**.

Niels überprüfte den **Bau** der Schiffe in einem Wald nahe des Dorfes. Der Wald lag nah am Meer. **Ab und zu** besuchte Häuptling Eskol die Stelle, um sich den **Fortschritt** anzusehen.

„Sag mir, Niels", sagte Eskol, „wann können wir mit den Schiffen **segeln**? Ich sehe, dass schon einige im Fluss liegen, aber wir müssen bald segeln."

„Keine Ahnung, Chef, vielleicht in einer Woche, vielleicht in weniger."

„Nur eine Woche! **Hervorragend**!"

„Ja, das **Holz** ist gut und die Konstrukteure sind sehr **fähig**."

Häuptling Eskol gab eine zweite Versammlung im „Großen Saal" um zu entscheiden, wer mit auf die Schiffe geht. Auf den Schiffen war nur für 75 Personen Platz. Es gab Freiwillige, die einer nach dem anderen **die Hand hoben**. Die Mehrheit waren **Krieger**. Die Krieger waren sehr gut trainiert.

Aber auch Thoric wollte mit. Er konnte sehr gut jagen und **überzeugte** Eskol, mit ihnen zu gehen:

„Wir wissen nicht, was für Nahrung es dort gibt. Wir brauchen Jäger, und ich kann für euch jagen, wenn wir in den fernen Ländern sind", sagte er zu ihm.

„Na gut, Thoric. Du kommst mit uns."

Thoric war **aufgeregt**. Er hatte große Lust, mit der Expedition in die fernen Länder zu segeln.

Als der Tag kam, **kletterten** Niels, Thoric, Eskol und der Rest der Wikinger auf die Schiffe. Bevor sie hinaufkletterten, beteten sie zu den **Göttern** und verabschiedeten sich von ihren Familien und dem Dorf. Eskols Frau regierte das Dorf, wenn er außerhalb war.

Tage später reisten sie nach Westen. Die drei Schiffe waren hervorragend, und alle schienen glücklich. Die Tage vergingen **ohne Neuigkeiten**.

Zwei Wochen später segelten sie immer noch, doch man sah kein Land. Man sah nur Wasser. Man sah noch nicht einmal **Vögel**. Einige der Wikinger begannen, dem Häuptling Eskol Fragen zu stellen.

„Eskol, bist du sicher, dass es im Westen Land gibt?"

„Ich bin total sicher."

„Was ist, wenn wir kein Land finden?"

Der Häuptling Eskol schrie **wütend**:

„Wir werden Land finden!! Ist das klar?"

„Aber...Aber..."

„Geh mir aus den Augen!"

Er war ein guter Anführer, aber er hatte einen starken Charakter und er mochte keine Fragen. Er war es, der kommandierte und es gefiel ihm nicht, dass sie ihm zu viele Fragen stellten. Er sprach zum Rest der **Mannschaft**:

„Es gibt Land im Westen! Das weiß ich!"

Die anderen Wikinger fragten nichts mehr und **ruderten** weiter.

An demselben Tag, fast ohne Vorwarnung, fing es an zu regnen und das Wasser unter den Schiffen begann **zu brodeln**. Die Schiffe konnten kaum noch navigieren. Das Wasser war sehr wild. Die Kapitäne der drei Schiffe versuchten, die Schiffe zusammen zu halten. Und **sie schafften es**. Jedoch änderten der Regen und der Sturm **ihren Kurs**.

Tage später sah Thoric etwas am **Himmel**, während die anderen schliefen. Am Anfang dachte er, dass er träumen würde, doch dann öffnete er die Augen etwas mehr.

Er suchte Niels **in der Dunkelheit** und weckte ihn:

„Niels, wach auf! Wir müssen Eskol **Bescheid geben**!"

„Was ist los?", fragte der Kundschafter, ohne die Augen zu öffnen.

„Da sind Vögel am Himmel!"

„Na und?"

„Das Land ist nah!"

Niels öffnete die Augen und sah, dass Thoric auf den Himmel **deutete**. Er sah die Vögel auch.

„Den Göttern sei Dank! Es ist wahr!"

Niels stand auf, um mit dem Chef zu reden. Thoric ging mit ihm.

„Häuptling Eskol, wach auf!"

Eskol wachte mit dem gleichen **Gesichtsausdruck** auf, den er den ganzen Tag hatte.

„Niels? Thoric? Was ist los?"

„Es sind Vögel am Himmel!", sagte Thoric, „Land!"

Der Häuptling Eskol **stand blitzschnell auf** und schrie den Kapitänen der drei Schiffe zu:

„Wir müssen rudern! Los! Alle aufwachen! Das Land ist nah!"

Sie ruderten **kräftig** und sahen endlich Land.

Thoric und Niels lächelten. Häuptling Eskol lächelte nicht. Er lächelte nie.

Eskol befahl den Schiffen, an einem nahe gelegenen **Strand** anzulegen. Der Strand war sehr lang und es gab viele **Hügel** und Bäume in der Nähe. Es war ein **wunderschöner** Ort.

Die Wikinger stiegen aus den Schiffen und betraten den Strand.

Thoric sprach mit Niels:

„Niels, was ist das für ein Ort?"

„Keine Ahnung, Thoric, er ist keinem Ort ähnlich, den ich kenne."

„Wir müssen die Gegend jenseits vom Strand erkunden."

„Ich bin damit einverstanden."

Thoric und Niels sprachen mit dem Häuptling Eskol und organisierten kleine Gruppen.

Eskol sagte:

„Wir brauchen Nahrung. **Wir haben kaum noch etwas.** Ihr müsst einige Tiere jagen."

Thoric und Niels jagten gemeinsam, aber die Tiere, die es gab, hatten sie vorher noch nie gejagt. Ihr Fleisch **schmeckte anders**. Sogar die Bäume sahen seltsam aus.

In der Nacht sprach Eskol mit den Wikingern am Strand:

„Nun haben wir Nahrung, doch jetzt müssen wir diesen Ort erkunden. **Wir müssen herausfinden**, ob dieser Ort **für Landwirtschaft geeignet ist**. Wenn man das Land **bewirtschaften** kann, kommen noch mehr Wikinger hierher."

Einer der Wikinger sagte:

„Woher sollen wir wissen, wo wir sind? Das Gewitter brachte uns **weit von unserem Kurs** ab."

Eskol verstummte für einige Minuten. Es war eines der wenigen Male, als er nichts antwortete. Am Ende sagte er nichts. Er schien auch **verwirrt** und **verloren** zu sein. Endlich sagte er:

„Wir müssen diesen Ort erkunden. Morgen bei **Dämmerung** beginnen wir."

Zusammenfassung

Die Wikinger stellen die Schiffe für die Reise in den Westen her. Die Schiffe sind sehr gut. Thoric und Niels fahren zusammen mit dem Häuptling Eskol auf der Reise mit. Auf der Hälfte der Reise verändert ein Sturm ihren Kurs. Sie finden endlich Land, und gehen von den Schiffen. Dort gibt es seltsame und unbekannte Bäume und Tiere.

Vokabeln

- **verstrich (verstreichen)** = passed (time)
- **die Nahrung** = the food
- **die Nahrungsmangel** = lack of food, famine
- **fertig** = finished, ready
- **der Bau** = the construction
- **ab und zu** = from time to time
- **der Fortschritt** = progress
- **segeln** = sail
- **hervorragend** = excellent
- **das Holz** = wood
- **fähig** = skillful, capable
- **die Hand heben** = to raise their hands
- **die Krieger** = warriors
- **überzeugen** = to convince
- **aufgeregt** = excited
- **klettern** = climb
- **die Götter** = the gods
- **ohne Neuigkeiten** = without news
- **die Vögel** = birds

- **wütend** = furious
- **Geh mir aus den Augen** = get out of my sight
- **Die Mannschaft** = team
- **rudern** = to row, to paddle
- **brodeln** = to swirl, boil
- **den Kurs ändern** = to change course
- **es schaffen** = to manage it
- **der Himmel** = sky
- **in der Dunkelheit** = in the darkness
- **Bescheid geben** = to let someone know
- **deuten** = to point
- **der Gesichtsausdruck** = facial expression
- **stand blitzschnell auf** = got up quickly
- **kräftig** = with lots of strength
- **der Strand** = beach
- **die Hügel** = hills
- **wunderschön** = wonderful
- **Wir haben kaum noch etwas** = we've barely enough
- **Schmeckte anders** = tasted different
- **Wir müssen erfahren** = we have to know
- **für Landwirtschaft geeignet** = suitable for agriculture
- **bewirtschaften** = to cultivate
- **weit von unserem Kurs ab** = far from our course
- **verwirrt** = confused
- **verloren** = lost
- **die Dämmerung** = dawn
- **beginnen wir** = we'll begin

Fragen im Auswahlverfahren
Wählen Sie nur eine Antwort je Frage aus

6. In der Expedition sind:
    a. 50 Wikinger
    b. 60 Wikinger
    c. 75 Wikinger
    d. 85 Wikinger

7. In der Expedition sind:
    a. 2 Schiffe
    b. 3 Schiffe
    c. 4 Schiffe
    d. 5 Schiffe

8. Wenn Häuptling Eskol das Dorf verlässt, regiert es:
    a. Niels
    b. Thoric
    c. Seine Frau
    d. Ein anderer Kundschafter

9. Auf der Hälfte der Reise:
    a. Gibt es Piraten
    b. Gibt es einen Aufstand
    c. Gibt es unbekannte Wikinger
    d. Gibt es einen Sturm

10. Der Strand ist seltsam, weil:
    a. Es unbekannte Tiere und Bäume gibt
    b. Dort unbekannte Wikinger sind
    c. Es keine Nahrung gibt
    d. Es sehr heiß ist

Lösgen Kapitel 2

6. c
7. b
8. c
9. d
10. a

Kapitel 3 – Die Entscheidung

Alle Wikinger wachten bei Dämmerung auf und **frühstückten**. Sie hatten noch **Reiseproviant** und Fleisch der fremden Tiere. Thoric wachte auf und sprach mit Eskol.

„Hallo, Chef."

„Hallo Thoric. Willst du etwas?"

„Ich will mit dir reden."

„Sprich."

Thoric wollte einige Dinge **klären**.

„Am Anfang der Reise **zweifelten** die Männer. Sie fragten viel, da sie nicht wussten, ob es Land im Westen gab. Doch du warst zum Schluss ein verantwortlicher Anführer und wir erreichten dieses Land."

„Ja. Komm auf den Punkt, Thoric."

„Der Mann, der dir alles erzählte... Wer war das?"

„Der Mann, der mir erzählte, dass diese Länder existierten?"

„Ja, genau."

Häuptling Eskol **schaute sich um**.

„Was ist los?" fragte Thoric.

„Wo ist Niels?"

„Er schläft, glaube ich."

„Der Mann, der mir dies erzählte, war sein Vater."

„Sein Vater?"

Thoric war sehr überrascht.

„Niels Vater war dieser **geheimnisvolle** Mann? Ich dachte, dass Niels Vater bei der Expedition in den Westen starb."

„Es war eine geheime Mission. **Niemand wusste etwas...** Ich schickte ihn in den Westen."

„Du hast ihn hierher geschickt? Ihn alleine?"

„Ich schickte ihn **gemeinsam mit** drei Männern in den Westen. Sie starben alle. Niels Vater starb, als er im Dorf ankam."

„Woher wusstest du, dass er im Westen Land finden würde?"

„Es war eine **Vorahnung** von mir. Niels **wird es mir nie verzeihen**, wenn er es erfährt."

Thoric sah Niels an, der gerade aufwachte.

Eskol hielt Thoric am Arm fest.

„Du darfst es Niels nicht erzählen. Niels ist der beste Kundschafter, den wir haben. Er folgt den guten **Lehren** seines Vaters. **Wir können es uns nicht erlauben**, dass er **abgelenkt ist**."

Thoric stimmte zu.

„Verstanden."

„Wir müssen jetzt runter vom Strand."

Kurz danach nahmen die Wikinger ihre **Äxte** und **Schilder** und **durchquerten** den **Dschungel**. Dieser Ort war riesig.

Niels war der **Vorläufer** der Gruppe und informierte die anderen über alles, was er vorfand.

Es war Mittag und die Sonne wurde sehr warm. Es war sehr heiß. Einige der Männer **nahmen ihre Rüstung ab**.

Hinter dem Hügel fanden sie plötzlich ein Dorf. Niels gab ein Handzeichen und die ganze Gruppe **hielt** am Hügel **an**. Das Dorf war seltsam. Die Wikinger fanden die Häuser seltsam. Da waren Männer, Frauen und Kinder. Sie **sprachen eine sehr komische Sprache** und trugen seltsame Kleidung.

Eskol ging zuerst den Hügel hinunter. Der Rest der Gruppe folgte ihm.

Die **Eingeborenen** erschraken anfangs sehr und einige rannten in ihre Häuser, doch Häuptling Eskol **beruhigte sie**.

„Wir wollen euch nicht weh tun!", sagte er.

Der Anführer des Dorfes stellte sich vor ihn und bot ihm etwas zu trinken an. Eskol trank. Es war Wasser.

Die Wikinger sprachen stundenlang mit diesen Dorfbewohnern und verstanden einiges.

Eskol versammelte die Wikinger und sagte zu ihnen:

„Männer, wir müssen **eine Entscheidung treffen**. Wir wissen nicht, wo wir sind. Und ich muss etwas beichten. Ich weiß nicht, wie wir in unser Dorf zurückkehren können."

Die Wikinger schwiegen einige Minuten.

Häuptling Eskol sprach weiter:

„Ich habe gedacht, dass wir hier leben könnten."

„Was?", sagte Thoric.

„Wirklich**?**", fragte Niels.

Eskol schaute zu den **Eingeborenen** und sagte:

„Diese guten Menschen kennen das Land und die Natur. Sie haben uns angeboten, hier zu bleiben. **Wir haben keine Wahl**. Wir können nicht nach Hause."

„Wir werden unsere Familien verlassen?", fragte ein Wikinger.

„Sieh doch unsere Schiffe an! Der Sturm hat sie **zerstört**!"

Der Wikinger, der gesprochen hatte, wusste, dass sein Häuptling Recht hatte. Es gab keine Wahl. Sie mussten dort bleiben. Häuptling Eskol sprach weiter.

„Natürlich, **wer gehen will**, kann gehen. Ab jetzt bin ich nicht mehr euer Häuptling, sondern nur noch ein einfacher Wikinger."

In den folgenden Tagen bildeten sich zwei Gruppen.

Eine Gruppe entschied sich, in den neuen Ländern zu bleiben, doch die andere Gruppe wollte, selbst mit den zerstörten Schiffen, nach Hause segeln.

Die zweite Gruppe verließ das Land, um zu versuchen, nach Hause zu kommen. Die erste Gruppe sah sie wegsegeln.

Eskol redete am **Lagerfeuer** mit Thoric und Niels.

„Es tut mir sehr leid."

„Das ist egal, Chef. Du wolltest etwas Gutes für unser Volk. Es ist nicht so ausgegangen wie erwartet. Doch dieser Ort ist ein guter Platz zum Leben", antwortete ihm Thoric.

„Ich werde weiterhin das Land erforschen. Mach dir keine Sorgen. Wir werden glücklich sein."

Die Wikinger waren in Amerika und diese Menschen waren amerikanische Ureinwohner. Doch sie erfuhren es nie.

Wochen später erschien vor dem Dorf Asglor ein Wikingerschiff am Horizont.

Eskols Frau schaute auf das Schiff, in der Hoffnung, ihren Mann zu sehen.

Anhang zu Kapitel 3

Zusammenfassung

Der Häuptling Eskol sagt zu Thoric, dass der Vater von Niels derjenige war, der ihm erzählt hatte, dass im Westen Länder existierten. Die Gruppe lernt Ureinwohner aus diesen Ländern kennen. Der Chef erzählt seinen Männern, dass die Rückreise zum Dorf zu gefährlich ist. Eine Wikingergruppe bleibt dort und die andere Gruppe versucht, mit den zerstörten Schiffen nach Hause zu gelangen. Diese Länder waren Amerika.

Vokabeln

- **frühstücken** = to have breakfast
- **das Reiseproviant** = travel supplies
- **klären** = to clarify
- **zweifelten** = doubted
- **sich umschauen** = to look around
- **geheimnisvoll** = mysterious, enigmatic
- **niemand wusste etwas** = nobody knew anything
- **gemeinsam mit** = along with
- **die Vorahnung** = premonition
- **er wird es mir nie verzeihen** = (he) will never forgive me
- **die Lehren** = teachings
- **wir können es uns nicht erlauben** = we can't allow ourselves
- **abgelenkt** = distracted
- **die Äxte** = axes

227

- **die Schilder** = shields
- **durchqueren** = to pass through
- **der Dschungel** = rainforest, jungle
- **der Vorläufer** = the frontrunner
- **sie nahmen ihre Rüstung ab** = they took off their armours
- **hielt...an** = stopped
- **sie sprachen eine komische Sprache** = they spoke a very strange language
- **die Eingeborenen** = natives
- **er beruhigte sie** = he reassured them
- **eine Entscheidung treffen** = to make a decision
- **Wir haben keine Wahl** = we have no choice
- **zerstört** = destroyed
- **wer gehen will** = whoever wants to leave
- **in den folgenden Tagen** = in the following days
- **das Lagerfeuer** = campfire

Fragen im Auswahlverfahren
Wählen Sie nur eine Antwort je Frage aus

11. Der Mann, der Eskol von den Ländern im Westen erzählte, war:
    a. Der Vater von Eskol
    b. Der Vater von Thori
    c. Der Vater von Niels
    d. Keine vorherige Antwort

12. Als sie die Länder erkunden, treffen sie:
    a. Mehr Tiere
    b. Eine Gruppe Wikinger
    c. Eine Gruppe Eingeborener
    d. Keine vorherige Antwort

13. Es bilden sich zwei Wikingergruppen, weil:
    a. Sie Hunger haben
    b. Sie kämpfen wollen
    c. Sie weiter erkunden wollen
    d. Keine vorherige Antwort

14. Der Häuptling Eskol entscheidet sich:
    a. Zum Dorf zurück zu segeln
    b. Weiter zu erkunden
    c. Zu bleiben
    d. Zu kämpfen

15. Im Dorf Asglor erscheint:
    a. Ein Schiff
    b. Zwei Schiffe
    c. Drei Schiffe
    d. Keine vorherige Antwort

11. c
12. c
13. d
14. c
15. a

8. Laura, die Unsichtbare Frau

<u>Kapitel 1 – Das Ereignis</u>

Laura ist eine Frau mittleren Alters. Sie arbeitet als **Verwaltungsangestellte** in einem Büro in Wien, der Hauptstadt von Österreich. Sie arbeitet jeden Tag viel und kommt sehr spät von der Arbeit. Sie hat kein schlechtes **Gehalt**, doch sie möchte mehr verdienen. Sie geht an den Wochenenden mit Freundinnen und Freunden aus und **verbringt ihre Abende** und Nächte in ihrer **Lieblingsbar**.

Wien ist eine Stadt mit viel Kultur, viel Abwechslung und Menschen aus aller Welt. Wenn Laura dort **spazieren geht,** sieht sie alle Facetten der Stadt. Doch manchmal sucht sie Ruhe und fährt an einigen Wochenenden **in die Umgebung**.

An einem Wochenende **wie jedes andere,** fährt Laura mit zwei weiteren Personen in ihrem Auto. Mit einem Freund und einer Freundin. Sie heißen Niklas und Elsa. Sie sind **seit der Kindheit** Lauras Freunde.

Laura hält ihr Auto in der **Umgebung** von Wien an. Es gibt dort verschiedene Parks und Natur, wo man gut **grillen** kann.

„Wo sind wir, Laura?" fragte Niklas.

„Wir sind in der Umgebung von Wien. Hier kann man gut grillen."

„Haben wir genug Essen für den Grill?"

„Ja, es ist im Auto. Lass uns die **Tüten** rausholen."

Laura, Niklas und Elsa holen die Tüten aus dem Auto, um das Fleisch zu grillen. Elsa versucht, die **Kohle zu erhitzen**, damit **Glut** entsteht.

Laura erinnert sich, dass sie **noch einen Anruf** mit ihrem Handy **machen** muss. Also sagt sie zu ihren Freunden:

„Niklas, Elsa. Ich komme gleich. Ich muss noch **wegen der Arbeit** telefonieren."

„Du arbeitest immer, sogar an den Wochenenden", sagt Niklas.

„Niklas hat Recht", sagt Elsa, „**du solltest dich mehr ausruhen**. Du arbeitest viel. An den Wochenenden muss man abschalten."

„Ihr habt Recht", antwortete Laura, „aber ich muss noch einen Anruf machen."

Laura **entfernte sich** von der Gruppe und ging zu ein paar Bäumen, die in der Nähe standen. Die Bäume waren sehr hoch und es war fast Nacht. Man sah fast nichts. Sie rief ihren **Chef** an und sprach mit ihm über die Arbeit. Sie berichtete ihm, was sie in dieser Woche schon gemacht hatte und was sie nächste Woche tun wollte.

Ihr fiel etwas auf. **In der Mitte** der Bäume war irgendein seltsames Licht. Laura **legte auf** und **verstaute** das Handy in ihrer Tasche.

Sie ging näher an das Licht. Das Licht kam von einem kleinen, sehr seltsamen Gegenstand, der in den Bäumen war. Laura fasste den Gegenstand an, und **er erlosch**. Sie wusste nicht, was es war, also ließ sie es dort.

Laura ging zu ihren Freunden zurück und erinnerte sich noch an eine Sache, die sie aus dem Auto holen musste. Als sie zurückkam, setzte sie sich neben ihre Freunde Niklas und Elsa. Sie sprachen über sie.

„Natürlich", sagte Niklas, „Laura arbeitet zu viel. **Sie sollte ihr Handy** am Wochenende **ausschalten**."

„Das sehe ich genau so", sagte Elsa, „es ist nicht gut, soviel zu arbeiten. Der **Körper** und der **Geist** brauchen Ruhe."

Laura stand auf, um beim Grill zu helfen, der schon **qualmte**. Doch es passierte etwas Merkwürdiges. Niklas und Elsa schauten sie nicht an.

‹Warum schauen sie mich nicht an? ›, dachte Laura.

Laura **winkte,** doch niemand reagierte. Sie merkten nicht, dass sie dort war. Sie redeten weiterhin über sie, als wenn sie nicht da wäre. Sie konnten sie nicht sehen!

‹Wie seltsam. Sie können mich nicht sehen! Bin ich unsichtbar? Wow! Ich bin unsichtbar! Hahahaha! Aber weshalb?›

Schließlich dachte sie an den seltsamen Gegenstand, den sie zwischen den Bäumen gefunden hatte. Sie dachte an das Licht, das der Gegenstand ausstrahlte und wie es erlosch, als sie es berührte.

‹Ist es wegen dem Gegenstand? Bin ich jetzt unsichtbar? **Das muss ich ausnutzen**, das ist genial! Mal sehen worüber Niklas und Elsa reden!›

Das Gespräch zwischen Niklas und Elsa ging weiter. Niklas nahm das Essen vom Grill und legte es auf die **Teller.** Elsa half ihm und stellte die **Getränke** auf den Tisch.

„Natürlich, Niklas", sagte sie, „Laura arbeitet viel, aber das ist normal. **Während vieler Jahre hat sie sehr hart studiert**. **Sie verdient es,** gut zu arbeiten und einen guten Lohn zu bekommen."

„Sie bezahlen ihr nicht genug", sagte er.

„Das ist richtig. Aber sie wird in Zukunft sicher mehr verdienen. **Sie ist es wert**."

„Das stimmt. Ich bin **stolz** darauf, ihr Freund zu sein, aber wir müssen erreichen, dass sie am Wochenende richtig abschaltet. Siehst du, wir grillen und sie redet weiterhin mit ihrem Chef".

„Ihr Chef ist sehr streng. Er will immer, dass sie mehr arbeitet."

„Sie arbeitet viel und sehr gut. Ihr Chef sollte wissen, das sie seine beste Angestellte ist."

Laura verstand schließlich, wie sehr ihre Freunde sie respektierten. Sie mochte es nicht, **heimlich zuzuhören**, was sie über sie sprachen, doch **sie konnte nicht widerstehen**. Alles, was sie über sie sagten, war sehr gut**,** sodass sie **errötete.**

„**Übrigens**", sagte Niklas, „wo ist sie?"

„Keine Ahnung, es ist lange her, dass sie zum Telefonieren ging. Sie redet schon lange."

„Lass uns Laura suchen gehen."

Sie machten das Grillfeuer aus und gingen zu den Bäumen. Dort fanden sie den seltsamen Gegenstand.

„Guck mal, Elsa. Was ist das?"

„Keine Ahnung. Wirf es weg. Wir wollen keinen **Trödel** mehr."

Der seltsame Gegenstand blieb wieder zwischen den Bäumen.

Als Niklas und Elsa von den Bäumen zurückkamen, war Lauras Auto verschwunden. Laura hatte es genommen und war zurück nach Wien gefahren. Dort **parkte** sie in der Nähe der Alser Straße und spazierte über den Rathausplatz. Niemand sah sie.

‹Niemand sieht mich! Das ist unglaublich!›

Ihr fiel soviel ein, was sie machen konnte, solange sie unsichtbar war.

Anhang zu Kapitel 1

Zusammenfassung

Laura war eine Frau mittleren Alters, die als Verwaltungsangestellte arbeitete. Sie arbeitete viel, doch an den Wochenenden unternahm sie etwas mit ihren besten Freunden, darunter auch Niklas und Elsa. An einem Wochenende gingen sie grillen. Sie fand einen seltsamen Gegenstand zwischen den Bäumen. Dieser seltsame Gegenstand verursachte, dass Laura unsichtbar wurde. Sie nahm ihr Auto und fuhr nach Wien zurück, um ihre neue Macht zu nutzen.

Vokabeln

- **Das Ereignis** = happening
- **Die Verwaltungsangestellte** = administrative assistant
- **Das Gehalt** = salary
- **Verbringt ihre Abende** = spend her evenings
- **Die Lieblingsbar** = favorite bar
- **Spazieren gehen** = have a walk
- **die Umgebung** = the outskirts
- **grillen** = have a BBQ
- **die Tüten** = the bags
- **die Kohle erhitzen** = to heat up the charcoal
- **die Glut** = the embers
- **muss einen Anruf...machen** = (she) has to make a call
- **wegen der Arbeit** = due to work

- **du solltest dich mehr ausruhen** = you should rest more
- **entfernte sich** = she went away
- **der Chef** = boss
- **in der Mitte** = in the middle
- **sie legte auf** = hang up the call
- **verstauen** = to put away
- **erlosch** = turned off
- **sollte (Sie) ihr Handy ...ausschalten** = (she) should turn off the mobile phone
- **der Körper** = body
- **der Geist** = mind
- **qualmen** = to give off smoke
- **winkte** = made a sign, waved
- **das muss ich ausnutzen** = I have to take advantage of this
- **Die Teller** = plates
- **Die Getränke** = drinks
- **Während vielen Jahren studierte sie** = she studied for many years
- **Sie verdient es** = she deserves it
- **sie ist es wert** = she is worth it
- **stolz** = proud
- **heimlich zuzuhören** = listen behind their backs
- **sie konnte nicht widerstehen** = she couldn't resist it
- **erröten** = to blush
- **übrigens** = by the way
- **der Trödel** = junks
- **parkte** = parked
- **ihr fielen...ein** = come to mind

Fragen im Auswahlverfahren
Wählen Sie nur eine Antwort je Frage aus

1. Laura arbeitete als:
    a. Verwaltungsangestellte
    b. Chefin
    c. Betriebswirtin
    d. Sie arbeitete nicht

2. Sie war:
    a. Eine junge Frau
    b. Eine Frau mittleren Alters
    c. Eine alte Frau
    d. Weiß man nicht

3. Ihre beiden besten Freunde heißen:
    a. Niklas und Vanessa
    b. Alfred und Vanessa
    c. Niklas und Elsa
    d. Niklas und Alfred

4. Ihre Freunde dachten, dass sie:
    a. Sich Arbeit suchen muss
    b. Wenig arbeitete
    c. Viel arbeitete
    d. Keine vorherige Antwort

5. Die Macht des seltsamen Gegenstandes war:
    a. Kraft
    b. Flugfähigkeit
    c. Unsichtbarkeit
    d. Keine vorherige Antwort

Lösungen Kapitel 1

1. a
2. b
3. c
4. c
5. c

Kapitel 2 – Die Lüge

Laura ging auf dem Rathausplatz spazieren. Der Rathausplatz war ein Platz in Wien, der sich neben der Alser Straße befand. Oftmals standen dort kleine **Stände**, wo man Sachen kaufen und verkaufen konnte. An diesem Tag waren dort Stände **aller Art**.

Laura ging zu einem Stand. Die Menschen sahen sie nicht, doch sie konnten sie **berühren. Sie musste vorsichtig sein**. Sie **probierte Kleider** und **Schmuck an**, aber sie nahm nichts mit. Ihr gefiel es, unsichtbar zu sein, doch sie wollte nichts **stehlen**.

Ihre Freunde waren bestimmt **besorgt**, aber sie wollte noch ein bisschen umherlaufen. Sie wollte noch mehr Orte und Dinge erkunden. Sie hatte eine Idee: sie ging in das Büro, in dem sie arbeitete. **Sie erinnerte sich**, dass ihr Chef diesen Samstag arbeiten musste, weil es viel Arbeit gab.

Die Kameras filmten sie nicht. Sie ging mit einem **Büroangestellten** durch die Tür und fuhr in die **Etage**, in der ihr Chef war. Das **Gebäude** hatte viele Etagen. Ihr Büro war in der sechsten Etage, und dort war auch ihr Chef.

Der Chef sprach mit einigen Managern des **Unternehmens**:

,,Unsere **Mitarbeiter** arbeiten sehr gut. Das Unternehmen macht **Gewinne**, jedoch nicht allzu viele. Um mehr Geld zu verdienen, müssen wir das **Geschäft erweitern**."

,,Das **Unternehmen** läuft gut, und ich verdiene wenig? Welche Ungerechtigkeit!", dachte sie.

„Ich habe eine **Mitarbeiterin** namens Laura. Sie arbeitet hier seit 5 Jahren. Sie ist eine sehr gute Mitarbeiterin. Sie arbeitet immer viele Stunden und noch nie hat sie eine **Lohnerhöhung verlangt. Es macht mich traurig,** Laura nicht mehr bezahlen zu können, aber das verdiente Geld müssen wir für die Reparatur des **Gebäudes** ausgeben."

‹Wow! Mein Chef **erkennt an,** dass ich eine gute Mitarbeiterin bin! Ich glaube, ich habe zu früh geurteilt. Jetzt weiß ich, dass er mir mehr bezahlen will, damit ich einen besseren **Lohn** habe…›

Laura war neugierig und ging in Antons Büro. Anton war ein anderer Manager des Unternehmens, und sie wollte wissen, welche **Akten** er in seinem Büro hatte.

‹Ich will weder stehlen noch **spionieren,** aber ich wollte immer schon wissen, was Anton macht.›

Anton arbeitete auch noch für eine andere Firma. Er war Manager in beiden Unternehmen, aber beide Firmen machten nicht genug **Umsatz,** sodass er in beiden arbeiten musste. Laura hörte von weitem ihren Chef reden, während sie sich die **Akten** ansah:

„Sag mal, Anton. Ich bat dich ein Projekt von unserer Idee zu erstellen. Dieses Projekt kann uns sehr viel Geld einbringen. Ist es **machbar?**"

„Nein, es tut mir leid", antwortete er, „das Projekt kann nicht durchgeführt werden. Es kostet zu viel Geld und ist sehr kompliziert. **Wir sollten es nicht tun.**"

Während Laura dies hörte, **fand** sie das Projekt in Antons Unterlagen. Anton hatte Kalkulationen zu diesem Projekt gemacht, das stimmte. Aber Anton log. Antons Projekt war sehr **erfolgreich**.

‹Warum will Anton dieses Projekt nicht machen? Es ist ein sehr gutes Projekt! Warum **lügt er**? Ich verstehe das nicht.›

Doch dann merkte Laura etwas. Die andere Firma, in der Anton Manager war, würde verlieren. Deshalb wollte diese Firma nicht, dass Lauras Unternehmen das Projekt ausführt.

‹Was für ein Egoist! Wenn wir dieses Projekt nicht machen, **werde ich meine Arbeit verlieren!**›

Die Gegenstände, die Laura nahm, wurden unsichtbar, deshalb hatte sie eine Idee. Sie nahm Antons Projekt **und wartete, bis jeder gegangen war**. Spät am Abend verließen alle die Büros, auch ihr Chef.

Laura ging in das Chefbüro und legte die **Projektmappe** auf seinen Tisch.

Da es schon Nacht war, beschloss Laura, endlich nach Hause zu gehen. Sie nahm den Bus und betrat ihr Haus. **Sie machte keinen Lärm**. Sie ging vorsichtig hinein und dort war ihr Mann.

Sie und ihr Mann stritten sich in letzter Zeit sehr. **Sie waren jetzt nicht mehr so glücklich wie früher**. Aber als sie reinkam, **weinte** ihr Mann.

‹Was ist mit ihm los› fragte sich Laura.

„Sind Sie sicher, Inspektor?" fragte ihr Mann, Andreas.

Andreas telefonierte mit der Polizei. Laura war schon seit Stunden weg und Andreas war sehr besorgt. Andreas Schwester war auch im Haus.

Andreas legte auf und weinte noch mehr.

Auch das merkte Laura. Andreas **liebte sie sehr**, und er **litt**. Sie wollte die Probleme klären. **Sie wollte ihre Beziehung reparieren**. Dann dachte sie nach... ‹Wie konnte sie wieder sichtbar werden?›

Laura wollte niemanden erschrecken. Sie wollte auch niemandem erzählen, was passiert war, auch nicht, was sie im Büro gemacht hatte. Aber sie **wollte nicht länger unsichtbar sein**. Jetzt war es nicht mehr lustig.

„Na klar! Der Gegenstand!" dachte sie.

Laura musste noch einmal den Gegenstand berühren. Sie musste das Auto nehmen und dorthin zurückfahren. Aber sie musste vorsichtig fahren. Die Leute durften kein leeres Auto sehen. Sie nahm das Auto und fuhr durch die Straßen von Wien. Da es mitten in der Nacht war, fuhren kaum Autos. Sie versuchte durch Gebiete zu fahren, in denen wenige Menschen waren.

Sie kam dort an, wo ihre Freunde gegrillt hatten. Dort waren ihre Freunde und viele andere Menschen. **Hunderte** von Menschen. **Was war passiert?**

Zusammenfassung

Laura spazierte über den Rathausplatz. Anschließend entschied sie sich, in ihr Büro zu gehen. Ihr Chef arbeitete und sprach mit den Managern. Anton war ebenfalls ein Manager. Er log bei einem Projekt. Ein lohnendes Projekt. Laura legte dieses Projekt in das Chefbüro. Sie ging nach Hause zurück und sah dort, dass ihr Mann weinte und sehr besorgt war. Zum Schluss entschied sie sich, zum Grillplatz zurück zu fahren, um nicht mehr unsichtbar zu sein.

Vokabeln

- **Die Stände** = booths, stalls
- **aller Art** = of all kinds
- **berühren** = to touch
- **sie musste vorsichtig sein** = (she) had to be careful
- **die Kleidung** = clothing
- **der Schmuck** = jewelery
- **anprobieren** = to try on
- **stehlen** = steal
- **besorgt** = worried
- **sich erinnern** = to remember
- **der Büroangestellte** = office worker, clerk
- **die Etage** = floor
- **das Gebäude** = building
- **das Unternehmen** = company
- **der Mitarbeiter** = employees, workers
- **Die Lohnerhöhung** = wage increase

- **Es macht mich traurig** = it saddens me
- **Das Gebäude** = building
- **anerkennen** = recognise
- **der Lohn** = wage
- **die Akten** = files
- **spionieren** = spy
- **Umsatz** = sales
- **machbar** = doable
- **wir sollten es nicht** = we shouldn't
- **fand** = found
- **erfolgreich** = prosperous, succesful
- **lügen** = to lie
- **die Arbeit verlieren** = lose my job
- **wartete bis jeder gegangen war** = waited until everyone was gone
- **die Projektmappe** = project briefcase
- **sie machte keinen Lärm** = (she) didn't make noise
- **sie waren jetzt nicht mehr so glücklich wie früher** = they weren't as happy as before
- **weinen** = to cry
- **(er) liebte sie sehr** = (he) loved her very much
- **er litt** = he suffered
- **sie wollte ihre Beziehung reparieren** = (she) wanted to fix the relationship
- **wollte nicht länger unsichtbar sein** = be no longer invisible
- **Was war passiert?** = What was happening?

6. Laura spazierte:
    a. Auf dem Rathausplatz
    b. In der Umgebung von Wien
    c. In einem Geschäft in Wien
    d. Außerhalb von Wien

7. Laura ging zuerst:
    a. Nach Hause
    b. In das Büro
    c. In die Umgebung von Wien
    d. Außerhalb von Wien

8. Anton, ein Manager des Unternehmens,:
    a. Wollte das Unternehmen verlassen
    b. Wollte Laura entlassen
    c. Log über ein Projekt
    d. Keine vorherige Antwort

9. Laura legte......in das Chefbüro:
    a. Geld
    b. Einen Brief
    c. Das Projekt
    d. Nichts

10. Laura wollte nicht mehr unsichtbar sein, indem sie:
    a. Noch einmal den Gegenstand berührt
    b. Den Gegenstand zerstört
    c. Den Gegenstand dort wegbringt
    d. Sie wollte unsichtbar bleiben

Lösungen Kapitel 2

6. a
7. b
8. c
9. c
10. a

Kapitel 3 – Der Gegenstand

Laura kehrte in den kleinen Park zurück, in dem sie vor Stunden gegrillt hatten. Dort waren viele Leute. Dort waren mehr Leute, **als sie erwartete**. Was machten sie dort? Warum waren so viele Leute da?

Elsa und Niklas befanden sich in der **Menschenmenge**, doch sie sprachen nur **miteinander.** Sie saßen am Tisch. Das **unzubereitete** Essen und die Getränke, die Elsa geholt hatte, standen immer noch auf dem Tisch.

Alle **anwesenden** Leute suchten Laura. Es waren Lauras Freunde und Familie, Polizisten und Wiener Einwohner, die zum Helfen kamen.

„Elsa, ich weiß nicht, wo sie sein kann," sagte Niklas.

„**Keine Sorge**", antwortete Elsa, „Sie wird bestimmt **jeden Moment** erscheinen. Aber es ist sehr komisch."

„Ja Elsa. Es ist sehr eigenartig. Sie telefonierte mit ihrem Handy und plötzlich war sie weg."

„Wirklich sehr eigenartig."

Laura hörte das Gespräch aus der Nähe. Sie wollte den Gegenstand noch einmal anfassen gehen. Sie wollte nicht länger unsichtbar sein. Sicherlich würde sie wieder sichtbar werden, wenn sie den Gegenstand anfassen würde.

„Hör mal, Elsa", sprach Niklas weiter.

„Ja?"

„Erinnerst du dich an diesen Gegenstand, den wir gefunden haben?"

„Ja, ich erinnere mich. Das war nur Trödel."

„Und wenn es mehr war als nur das?"

Laura wollte nicht, dass ihre Freunde irgendetwas davon erfuhren. Es war eine **verrückte** Geschichte. Sie wollte **zurück zur Normalität**. Sie wollte die Beziehung mit ihrem Mann Andreas wieder regeln. Sie wollte wieder zur Arbeit zurück, **um zu sehen, was** mit dem Projekt **passiert war**.

„Wir müssen uns den Gegenstand ansehen gehen. Laura ist genau dort verschwunden", sagte Elsa schließlich.

„Gehen wir nachsehen."

Laura **rannte** schnell an die Stelle, wo der Gegenstand war, um vor Niklas und Elsa dort zu sein. Sie ging in den kleinen **Wald** und suchte. Sie fand den Gegenstand nicht!

‹Wo ist er? Wo ist er? Er muss doch hier in der Nähe sein›.

Laura blieb unsichtbar. Niklas und Elsa konnten sie nicht sehen, doch **sie kamen näher**. Sie hörte ihre **Schritte**.

‹Ich muss ihn finden. Er muss hier in der Nähe sein›.

Niklas und Elsa unterhielten sich immer noch. Sie kamen an Laura vorbei.

„Er muss hier in der Nähe sein, Elsa. Ich erinnere mich."

„Schau mal zwischen den Büschen."

„Ich geh schon."

Und richtig, Niklas fand den Gegenstand in den Büschen. Er hatte kein Licht, doch Laura konnte ihn sehen. Das war der Gegenstand, den sie berührt hatte. Sie musste **einen Weg finden,** um den Gegenstand noch einmal zu berühren. Sie musste wieder sichtbar werden, jedoch wollte sie nicht erzählen, was passiert war.

„Was ist das?", fragte Elsa.

„Keine Ahnung. Es ist rund und metallisch, aber ich weiß nicht, **wofür das ist.**"

„**Ob es etwas mit** dem Verschwinden von Laura **zu tun hat**?"

„Ich wüsste nicht wie. Ich bezweifle, dass es etwas damit zu tun hat."

„Lass es da, wo es war."

Laura war beruhigt. Der Gegenstand war wieder zwischen den Büschen. Niklas und Elsa mussten jetzt gehen! Sie wollte den Gegenstand berühren. Wäre das die Lösung? Sie wusste es nicht, aber sie wollte es ausprobieren.

Niklas und Elsa gingen weg und begannen, Laura zwischen den Bäumen zu suchen. Die Leute **ringsherum** begannen ebenfalls, die Bäume, die umliegenden Straßen und Viertel nach Laura abzusuchen.

Natürlich fand sie niemand, da Laura auf einem Baum **versteckt** war. Sie ging zu den Büschen, als alle Leute sich von den Bäumen entfernt hatten. Sie berührte den Gegenstand mit ihrer Hand.

Ein Licht **entzündete sich** in diesem seltsamen Gegenstand. Laura **spürte** ein starkes **Kitzeln** in ihrem

250

Körper. Der Gegenstand leuchtete wieder. Sie nahm ihn und steckte ihn in ihre Jacke.

Sie verließ den Wald. **Hatte es funktioniert?**

„Laura!" riefen alle.

„Laura! Da bist du ja! Wo warst du?" fragten Niklas und Elsa.

„Ich war... ich war..."

Laura wusste nicht, **ob sie die Wahrheit doch erzählen sollte.** Vorher wollte sie die Wahrheit nicht erzählen, doch jetzt zweifelte sie. Sie hatte den Gegenstand. Jetzt hatte sie **Beweise.**

„Ich muss euch etwas Wichtiges und **zugleich** Unglaubliches erzählen."

„Laura!" rief eine **Stimme** aus der Menge.

Am Anfang konnte Laura nicht erkennen, wer es war, aber dann sah sie ihn: es war Andreas.

Andreas ging zu Laura und umarmte sie kräftig. **Er küsste sie** auf den Mund und sagte:

„Wo warst du? Wir waren sehr besorgt!"

„Ich war in... in... ich..."

Eine andere Stimme rief sie aus der Menschenmenge.

„Frau Staufer. Endlich sind Sie **aufgetaucht**!"

Es war die Stimme ihres Chefs. Ihr Chef war auch gekommen! Er machte sich Sorgen um sie! Sie erinnerte sich an das Projekt, das sie in seinem Büro gelassen hatte.

Jetzt waren alle versammelt und sie begann zu sprechen:

„Ihr wart alle sehr besorgt um mich, doch ich muss euch eine unglaubliche Geschichte erzählen. **Wartet einen Moment.**"

Laura zog ihre Jacke aus und warf sie auf den Boden.

Ihr Ehemann Andreas fragte sie:

„Was machst du, Schatz?"

„Ich werde euch etwas **zeigen.**"

Sie nahm einen kleinen Gegenstand aus der Jacke.

„Das ist ja der seltsame Gegenstand!", sagten Niklas und Elsa gleichzeitig.

„Ja, dieser seltsame Gegenstand ist **der Grund**, aus dem ich verschwunden war."

Niemand verstand etwas.

Laura war kurz davor, ihre unglaubliche Geschichte zu erzählen, doch sie stellte fest, dass das Licht im Gegenstand erloschen war. Sie berührte ihn mit den Händen, doch die Leute sahen sie immer noch. **Es funktionierte nicht mehr.**

„Während ich verschwunden war, wurden mir viele Dinge klar."

Sie sah ihren Chef, Andreas und ihre Freunde an.

„Meine Geschichte jedoch ist eine Geschichte für einen anderen Tag**. Ich will nach Hause gehen.**"

Andreas umarmte sie erneut, und sie gingen nach Hause. Als sie ankamen, schlief Laura sofort ein.

Als sie am nächsten Tag aufwachten, lächelten sie sich gegenseitig an.

„**Alles wird gut**", sagte sie zu ihm.

Anhang zu Kapitel 3

Zusammenfassung

Laura sieht alle Leute, die auf dem Grillplatz sind. Es sind viele Bekannte dort. Sie hört, wie Niklas und Elsa besorgt reden. Sie suchen den seltsamen Gegenstand. Sie glauben, dass der seltsame Gegenstand in Verbindung mit dem Verschwinden von Laura steht. Laura findet den Gegenstand, nachdem ihre Freunde gegangen sind. Sie berührt ihn und ist wieder sichtbar. Andreas und ihr Chef sind ebenfalls da, als sie zum Grillplatz kommt, doch der Gegenstand funktioniert jetzt nicht mehr. Sie erzählt ihnen nicht, was passiert ist und geht nach Hause.

Vokabeln

- **Als sie erwartete** = than she expected
- **Die Menge/Menschenmenge** = crowd
- **miteinander** = to each other
- **unzubereitet** = unprepared
- **anwesenden (Leute)** = present people
- **Keine Sorge** = don't worry
- **In jedem Moment** = anytime
- **verrückt** = mad, crazy
- **zurück zur Normalität** = back to normal
- **um zu sehen, was passiert war** = to see what has happened
- **rannte** = ran
- **der Wald** = forest
- **sie näherten sich** = (they) were approaching
- **die Schritte** = steps

- **einen Weg finden** = find a way
- **metallisch** = metallic
- **wofür das ist** = what this is for
- **hat etwas mit ..zu tun** = has to be with
- **ringsherum** = all around
- **versteckt** = hidden
- **entzündete sich** = lit up
- **spüren** = sense
- **kitzeln** = tickle
- **Hatte es funktioniert?** = Did it work?
- **Ob ...die Wahrheit erzählen sollte** = if she should tell the truth
- **Der Beweis** = proof
- **zugleich** = at the same time
- **die Stimme** = voice
- **er küsste sie** = he kissed her
- **aufgetaucht** = appeared
- **wartet einen Moment** = wait a moment
- **zeigen** = to show
- **der Grund** = the reason
- **Es funktionierte nicht mehr** = It no longer worked
- **Ich will nach Hause gehen** = I want to go home
- **Alles wird gut werden** = everything is going to be fine

Fragen imAuswahlverfahren
Wählen Sie nur eine Antwort je Frage aus

11. Auf dem Grillplatz hört sie.......reden:
    a. Ihren Chef und ihren Mann
    b. Ihren Chef und Niklas
    c. Ihren Mann und Elsa
    d. Niklas und Elsa

12. Ihre Freunde wollen:
    a. Nach Hause
    b. Den seltsamen Gegenstand finden
    c. Die Polizei anrufen
    d. Andreas anrufen

13. Laura will am Anfang:
    a. Nicht ihre Geschichte erzählen
    b. Ihre Geschichte erzählen
    c. Unsichtbar bleiben
    d. Keine vorherige Antwort

14. Laura berührt erneut den Gegenstand und unmittelbar:
    a. Wird Sie wieder sichtbar
    b. Bleibt Sie unsichtbar
    c. Sie weiß es nicht, bis sie sie rufen wenn sie aus dem Wald kommt
    d. Passiert nichts

15. Am Ende:
    a. Funktioniert der Gegenstand nicht und Laura erzählt ihre Geschichte
    b. Funktioniert der Gegenstand und Laura erzählt ihre Geschichte
    c. Funktioniert der Gegenstand nicht und Laura erzählt nicht ihre Geschichte

11. d
12. b
13. a
14. c
15. c

ENDE

This title is also available as an audiobook.

For more information, please visit the Amazon store.

Thank You For Reading!

I hope you have enjoyed these stories and that your German has improved as a result! A lot of hard work went into creating this book, and if you would like to support me, the best way to do so would be with an honest review on the Amazon store. This helps other people find the book and lets them know what to expect.

To do this:

1. Visit http://www.amazon.com

2. Click "Your Account" in the menu bar

3. Click "Your Orders" from the drop-down menu

4. Select this book from the list and leave an honest review!

Thank you for your support,

- Olly Richards & Alex Rawlings

More from Olly & Alex

If you have enjoyed this book, you will love all the other free language learning content we publish each week online.

Our Blogs

Olly Richards: http://iwillteachyoualanguage.com

Alex Rawlings: http://rawlangs.com

Podcast

The *I Will Teach You A Language* Podcast

iPhone: http://iwillteachyoualanguage.com/itunes

Android: http://iwillteachyoualanguage.com/stitcherradio

Get all your language learning questions answered! These bitesized weekly episodes are the perfect way to stay motivated on your journey to fluency!

Made in the USA
San Bernardino, CA
09 February 2017